꽃길 따라
열두 달 여행

꽃길 따라
열두 달 여행

사진작가 위드선샤인이 추천하는 국내 여행지 90

—

박선영

푸른향기
Prunbook Publishing Co.

여행이라는 선물

치과위생사로 일하며 계절의 변화를 알아채지 못할 만큼 여유 없이 지내던 어느 날. 갑작스럽게 갑상선암 진단을 받게 되었다.

'아직 해보지 못한 일이 많은데, 이대로 일만 하다가 갑자기 죽으면 어쩌지? 일도 중요하지만, 내가 진짜 행복할 수 있는 시간을 찾아야 하지 않을까.'

수술 후, 나는 인생에 대한 고민에 빠졌다. 생각만으로는 답을 찾을 수 없었다. 직접 부딪혀보고 경험하기로 마음먹었다. 버킷리스트를 작성하며 그동안 미뤄왔던, 어렴풋이 꿈꿔왔던 일들을 적어나갔다. 취미를 만들고 싶어 그림과 악기를 배우고, 퇴사 후 혼자서 장기 배낭여행도 떠나보았다. 1년 동안 캐나다에서 워킹홀리데이도 했다. 새로운 분야 공부도 하고 자격증 취득도 해보았다. 여러 경험 중에서 나를 가장 가슴 뛰게 만든 것은 바로 '여행'이었다.

주말마다 짧은 시간을 쪼개어 여행을 다녔다. 가족과 친구들은 수술 후 체력이 떨어져 힘들지 않을까 걱정했지만, 여행을 다녀올 때마다 오히려 더 많은 에너지를 얻었다. 그 에너지는 나를 다시 살아있게 만들어 주었고, 나에게 무엇보다 값진 선물이 되었다.

여행의 순간들을 오래 간직하고 싶어 사진을 찍기 시작했다. 인스타그램에 사진과 여행 이야기를 기록하자, 나의 사진을 좋아하고 공감해주는 사람들이 점점 많아졌다. 그러면서 자연스럽게 알게 되었다. 많은 이들이 여행을 떠나고 싶어도 막연한 두려움과 망설임 때문에 주저하고 있다는 것을. 그들에게 내가 얻은 경험을 나누고 싶다는 마음이 커졌다.

'서툰 여행자들에게 선샤인의 여행을 나누어 드립니다.'

이런 마음을 담아 선샤인플래너 활동을 시작했다. 개인 맞춤 여행 일정부터 사진 찍는 팁, 그리고 여행에서 느낄 수 있는 기쁨을 나누었다. 그들이 여행 후 보내준 엽서 후기는 나에게 큰 보람이 되었다. 이 활동 덕분에 나는 새로운 기회를 얻게 되었고, 마침내 사진작가로 전업할 용기도 생겼다. 작은 경험의 나눔이 내 삶을 새로운 방향으로 이끌어준 것이다. 이제는 책을 통해 더 많은 사람과 나의 경험을 나누고자 한다. 내가 사랑하는 우리나라의 매력적인 여행지들, 특히 꽃이 피는 계절마다 그곳에 담긴 이야기를 전하고 싶다. 열두 달 동안 피어나는 꽃들은 저마다의 아름다움과 메시지를 품고 우리를 기다리고 있다.

여행을 하며 내가 받았던 위로와 기쁨, 사진을 찍으면서 배운 기다림과 시선, 그리고 서투르지만 열정적으로 도전하고 실패했던 순간들…. 나의 소소한 이야기들이 일상에 지친 이들에게 작은 힘이 되고, 여행을 시작하고자 하는 이들에게는 용기를 주었으면 한다. 꽃길을 따라 함께 걷는 이 여정 속에서, 나와 당신 모두가 더 깊은 치유와 기쁨을 만날 수 있기를 소망한다.

Contents

프롤로그   여행이라는 선물   004

1월 January

해피뉴이어 전북 무주 덕유산 - 눈꽃 016

인생 첫 일출 강원 강릉 강문해변 - 일출 021

송별회 부산 광안리 해수욕장 - 일출 024

제주 룸메이트와 함께 제주 새별오름 나홀로나무 - 설경 027

감귤 향이 나는 바다목장 제주 신풍 신천 바다목장 - 감귤 031

2월 February

한라산과 귤밭을 선물 받다 제주 서귀포 귤나잇 - 귤밭 036

신비로운 겨울꽃 강원 평창 삼양 라운드힐 - 눈꽃 041

슈가파우더를 뿌린 쉬폰 케이크 강원 강릉 사천진 바다 - 설경 044

자작나무의 속삭임 강원 인제 자작나무숲 - 자작나무 048

사계절 웨딩 강원 평창 애니포레 - 가문비나무 052

아찔한 얼음벽 강원 인제 매바위 - 빙벽 056

3월 March

봄소식을 전하는 홍매화 경남 양산 통도사 – 홍매화 062

매화꽃 사이로 달리는 기차 경남 양산 순매원 – 매화 065

매화가 불러오는 봄 전남 광양 매화마을 – 매화 068

아픈 역사 속에 핀 동백꽃 경남 거제 지심도 – 동백 071

노부부가 일구어낸 지상낙원 경남 거제 공곶이 – 수선화 074

산수유 꽃등이 켜지는 마을 전남 구례 산수유마을 – 산수유 078

사랑이 이루어지는 산수유 돌담길 경기 이천 산수유마을 – 산수유 081

목련 꽃봉오리가 그려낸 봄 경북 경주 대릉원 – 목련 084

행복은 강도가 아닌 빈도 서울 봉은사 – 홍매화 087

4월 April

서울에서 이국적인 여행지를 찾는다면 서울 용산공원 – 목련 092

청보리밭에서 프러포즈를 전북 고창 학원농장 – 청보리 095

추사 김정희가 사랑한 꽃 충남 예산 추사고택 – 수선화 100

수만 송이의 별이 쏟아진 충남 서산 유기방가옥 – 수선화 104

바닷길 따라 피어난 유채꽃 울산 슬도 – 유채꽃 107

7만 그루의 진달래 경기 부천 원미산 진달래동산 – 진달래 110

튤립 꽃밭에서 소녀가 되어 경남 김해 연지공원 – 튤립 113

캠퍼스 벚꽃놀이 대구 경북대학교 – 벚꽃 116

내 꿈은 사진작가예요 경남 거창 용원정 – 벚꽃 119

낮보다 아름다운 연화지의 밤 경북 김천 연화지 – 개나리 & 벚꽃 122

해결사가 된 개나리 서울 응봉산 – 개나리 125

보랏빛 추억 충남 당진 합도초등학교 – 등나무꽃 127

봄을 담은 와인잔 서울 서울숲 – 튤립 130

겹벚꽃 그늘 아래에서 경북 경주 불국사 – 겹벚꽃 133

5월 May

최고의 생일 선물 제주 가파도 – 청보리 138

나의 보물 장소 1호 울산 태화강 국가정원 – 양귀비 141

출근 전 꽃놀이 서울 광명햇살광장 – 양귀비 144

사진으로 바라본 아름다운 세상 전북 전주 완산칠봉 꽃동산 – 철쭉 147

5월의 크리스마스 대전 들의공원 – 이팝나무 149

K-불꽃놀이 경남 함안 무진정 – 낙화 152

철쭉 위에 뜬 은하수 경남 합천 황매산 – 철쭉 155

봄꽃 종합선물 세트 경남 거창 창포원 – 꽃창포 158

영화 속 주인공처럼 제주 오라동 메밀밭 – 유채꽃 & 청보리밭 162

고등어와 장미 제주 중문고등어쌈밥 – 장미 165

6월 June

신이 결혼한 곳 제주 혼인지 – 수국 170

푸른 꽃바다 충남 예산 아그로랜드 – 수레국화 173

빗방울의 연주 제주 숨도 – 수국 177

도깨비꽃의 변덕 제주 답다니 – 수국 181

자연이 만들어낸 수국 무릉도원 제주 송악산 – 수국 185

연화도 웨딩 경남 거제 연화도 – 수국 188

스님의 염불 소리를 듣고 피는 꽃 부산 태종사 – 수국 191

에메랄드빛 절경을 가진 호수 강원 동해 무릉별유천지 – 라벤더 194

풍력발전기 아래로 흔들리는 하얀 꽃 강원 평창 육백마지기 – 샤스타데이지 197

7월 July

꽃그림 꽃놀이 대구 남평문씨본리세거지 – 능소화 204

세 번째 스무 살 경남 김해 수로왕릉 – 능소화 208

연꽃의 역사가 시작된 곳 경기 시흥 관곡지 – 연꽃 211

배롱나무 액자 경북 경주 종오정 – 배롱나무꽃 215

선조의 곧은 마음 전북 전주 경기전 & 향교 – 배롱나무꽃 218

8월 August

필름 카메라를 선물 받다 경북 경주 월정교 - 해바라기 224

그늘에서 고요히 피어나는 보랏빛 꽃 경북 성주 성밖숲 - 맥문동 228

여름의 끝자락에서 충남 태안 파도리 해수욕장 - 바다 233

제주 수채화 여행 제주 아부오름 - 삼나무 236

천천히 머물다 가는 집 충북 충주 서유숙 스테이 - 목수국 240

일하며 나를 돌보는 여행 강원 강릉 송정해변 - 바다 243

9월 September

우주가 펼쳐진 꽃밭 경기 안성 안성팜랜드 - 코스모스 249

일편단심 해바라기 경기 시흥 갯골생태공원 - 해바라기 251

바람에 흔들리는 은빛 억새 제주 새별오름 - 억새 254

비가 만든 오아시스 제주 금오름 - 억새 256

사진은 무엇으로 찍나요 울산 대왕암공원 - 꽃무릇 258

자연의 오케스트라 경북 경주 첨성대 - 핑크뮬리 262

10월 October

10월의 어느 멋진 날 울산 태화강 국가정원 – 팜파스 266

하얀 구름이 내려앉은 치유의 숲 경기 파주 율곡수목원 – 구절초 269

변치 않는 사랑 경기 양주 나리공원 – 천일홍 273

우주의 모든 별이 쏟아지듯 서울 용양봉저정공원 – 불꽃 276

은행잎 선물 경북 청송 구천중학교 – 은행나무 280

가을의 숨겨진 보물을 발견하는 곳 전북 정읍 내장산 – 단풍 284

도솔천을 따라 흐르는 가을 전북 고창 선운사 – 단풍 288

11월 November

가을을 달리는 모노레일 경기 광주 화담숲 – 단풍 294

은행잎이 만든 노란 카펫길 경기 여주 강천섬 – 은행나무 298

400살이 넘은 은행나무 서울 명륜당 – 은행나무 301

제주의 바람과 빛을 머금은 감귤 제주 감따남 – 감귤 305

물억새를 닮은 엄마 울산 명촌교 – 물억새 309

단풍을 즐기는 특별한 방법 경북 경주 대릉원 – 낙엽 312

매니저가 되어준 엄마 경북 경주 보문단지 – 단풍 314

바다가 건네준 위로 제주 닭머르 – 억새 316

12월 December

실루엣으로 담아내는 세상 경남 통영 달아항 - 일몰 320

80살에도 사진 찍는 할머니가 되고 싶어 경남 통영 ES 리조트 - 일몰 322

고요한 크리스마스를 보내고 싶을 때 전북 고창 구시포 해변 - 일몰 324

겨울에 만나는 오색별빛 정원 경기 가평 아침고요수목원 - 별빛 축제 328

동백꽃 위로 내리는 제주 청초밭 - 동백 330

에 필 로 그 꽃을 피우기에 늦은 때는 없다 334

부록 작가가 추천하는 국내 꽃 여행지 336

1월

January

"제발 꺼지지 마,
곧 해가 뜨면 따뜻해질 거야.
조금만 더 버티자."

전북 무주 덕유산

눈꽃

덕유산 정상에서 새해를 맞이하기로 했다. 새벽 6시, 일출을 보기 위해 친구들과 함께 향적봉 대피소를 나섰다. 귀까지 덮는 털모자와 얼굴을 감싸는 넥워머, 양말 두 켤레, 털장갑 위에 스키 장갑까지 겹겹이 껴입었다. 양쪽 주머니에는 손난로를 넣어 만반의 준비를 마쳤다. 헤드랜턴으로 어두운 눈길을 밝혀 중봉을 향해 걸었다. 전날 답사를 한 덕분에 길은 낯설지 않았지만, 매서운 겨울바람이 얼굴을 칼처럼 베었다. 미처 가리지 못한 볼과 눈을 사정없이 때리는 세찬 바람에 살이 찢어질 듯 아려왔다.

장갑 낀 손으로 얼굴을 감싸고, 추위를 이기기 위해 제자리에서 뛰었다. 주위를 둘러보니 친구들의 얼굴도 새빨갛게 변해 있었다. 우리는 서로의 모습을 보며 깔깔대고 웃었다. 고생도 함께하니 즐겁게 느껴졌다. 영하 15도라는 기온보다 바람은 훨씬 더 차가웠다. 냉동 창고에 에어컨까지 틀어 놓은 듯한 냉기가 온몸을 파고들었다. 스마트폰을 꺼내 기온

을 확인하려는 순간, 차가운 기운에 얼어버린 것처럼 전원이 꺼지고 말았다. 순간 카메라도 방전될까 봐 걱정되었다. 주머니 속 핫팩을 꺼내 카메라를 다독이듯 감싸 안으며 속으로 중얼거렸다.

"제발 꺼지지 마, 곧 해가 뜨면 따뜻해질 거야. 조금만 더 버티자."

드디어 일출 시간이 다가왔다. 서서히 하늘이 밝아지고 바람도 잦아들기 시작했다. 그런데 한참이 지나도 해가 모습을 드러내지 않았다. 아래에 짙게 깔린 먹구름이 태양을 가리고 있었던 것이다. 이토록 고생하며 기다렸는데 일출을 보지 못할지도 모른다는 생각에 힘이 빠져버렸다. 무심히 하늘을 바라보고 있는데, 다시 거센 바람이 불어와 먹구름을 밀어내기 시작했다. 그리고 마침내, 무대의 커튼이 열리고 조명이 켜지듯, 붉은빛을 머금은 태양이 천천히 모습을 드러냈다.

그 순간, 애타게 기다리던 주인공이 등장하자 사람들은 손뼉을 치며 외쳤다.

"와~ 드디어 해가 나왔다! 해피 뉴 이어! 새해 복 많이 받아요!"

목구멍 아래에서 울컥하는 감정이 차올랐다. 손으로 삼각대를 단단히 잡고 잠시 사진 촬영을 멈춘 채 눈을 감고 새해의 소망을 빌었다. 강렬한 태양 빛이 나를 따뜻하게 감싸 안아주었고, 꽁꽁 얼었던 몸과 마음이 서서히 녹아내렸다. 천천히 눈을 뜨니, 새하얀 눈꽃들이 금빛으로 물들며 보석처럼 반짝이고 있었다. 새해 첫날, 덕유산에서 가장 값지고 귀한 선물을 받았다.

강원 강릉 강문해변   일출

태어나서 한 번도 일출을 본 적 없다는 그의 말에 나는 놀랐다. 그의 인생 첫 일출을 함께하고 싶어졌다. 나의 갑작스러운 제안으로 떠난 강릉 여행. 해가 뜨지 않은 강문해변은 바다가 잠에 들어 암막 커튼을 친 듯 고요하고 어두웠다. 겨울의 바다에는 우리밖에 없었고, 오직 천둥 같은 파도 소리만 포효했다. 우리는 해가 뜰 때까지 모래사장에 나란히 앉아 그 소리를 들으며 기다렸다.

그는 약간 긴장한 듯 보였고, 우리 둘은 대화를 멈추고 말없이 바다를 바라보았다. 높고 거친 파도는 끊임없이 다가왔다가 다시 멀어지고, 부서지다가 사라졌다. 서서히 하늘이 밝아졌다. 구름 한 점 없는 맑은 날이었다. 수평선 위로 붉은빛이 띠를 두르기 시작하더니, 어느새 동그랗고 커다란 태양이 천천히 떠오르기 시작했다. 먹색의 바다가 서서히 붉게 물들어갔다. 바다 끝에서 퍼져 나오는 빛은 모래사장으로 쏟아져 내려왔고, 그 빛을 받은 파도는 춤을 추듯 빛을 반사하며 반짝였다. 한참 동안

바다를 멍하게 바라보던 그가 말했다.

"그동안 나는 꿈이 없다고 말했잖아. 그런데 오늘 일출을 보며 새로운 꿈이 생겼어."

"정말? 일출을 보고 꿈이 생겼다고? 멋진데, 그게 뭐야?"

그는 잠시 머뭇거리더니 진지한 표정으로 말했다.

"너의 꿈을 함께 이루며 살고 싶어졌어. 혼자는 자신 없지만, 너와 함께라면 나도 저 파도처럼 인생을 힘차게 헤쳐나갈 수 있을 것 같아."

그의 말이 파도처럼 내 마음속으로 밀려와 심장을 쿵, 두드렸다. 나의 꿈을 함께 이루고 싶다는 그 말에 진심이 느껴졌다. 그 순간 우리의 첫 만남이 떠올랐다.

"선영 씨는 꿈이 있나요?"

그가 처음 내게 물었을 때, 나는 물 만난 고기처럼 나의 꿈에 대해 이야기했다.

"와, 꿈이 멋져요. 저는 아직 꿈을 찾지 못했어요. 그냥 하루하루 별일 없이 살아가는 것만으로도 만족해요."

그의 솔직하고 담담한 말이 더 용기 있어 보였다. 꿈을 찾지 못해 방황하던 나의 지난날도 스쳐 지나갔다. 그에게 가슴 뛰는 꿈을 찾아주고 싶었다. 그리고 지금 이 순간, 그가 일출을 보며 자신의 꿈을 발견했다고 말한 것이다. 그 말에 앞으로 그의 삶이 얼마나 많은 변화가 생길지 기대가 되었다.

어느새 해는 높이 떠올랐고, 그 빛은 점점 더 강렬해졌다. 모래사장에 새겨진 우리의 그림자도 짙어져 갔다. 나는 살짝 몸을 기울여 그의 어깨에 머리를 기댔다. 두 개의 그림자가 포개어져 하나가 되었다.

부산 광안리 해수욕장 일출

사진 동호회 회장으로 활동하던 오빠가 스페인으로 떠나기로 했다. 친구가 유럽에서 시작한 스냅 사업이 성공하면서, 스페인 지점을 맡아 달라는 제안을 받은 것이다. 그는 일주일을 고민한 끝에 회사에 사직서를 내고 새로운 도전을 결심했다. 갑작스러운 결정에 우리 모두 놀랐다. 급하게 송별회를 하려 했지만, 친구들의 일정을 다 맞추기가 쉽지 않았다. 평소에도 새벽 일찍 사진을 찍는 우리이기에, 일출을 함께 보며 송별회를 하기로 했다. 나는 오빠에게 묻고 싶은 것이 많았다.

"오빠, 지금 다니는 회사 안정적이지 않아요? 어떻게 그렇게 갑자기 퇴사를 결심하고 유럽에 갈 결정을 했어요?"

"사실, 사진을 일로 해보고 싶다는 마음은 오래전부터 있었어. 회사에 다니면서 안정적으로 살 수는 있겠지만, 평생 그렇게만 산다고 생각하니 너무 답답하고 재미없을 것 같더라고. 아직 결혼도 안 했으니, 지금이라도 좋아하는 일을 하면서 살아봐야 하지 않을까? 잘 안되면 다시 돌아와

서 취업하면 되는 거고. 하하하."

그의 대답에 나는 놀랐다. 오랫동안 품어온 꿈을 위해 과감하게 도전하는 그의 용기가 부러웠다. 누구나 좋아하는 일을 하며 살고 싶어 하지만, 현실의 무게에 눌려 포기하는 경우가 많으니까. 그의 이야기를 들으며, 나는 나에게 그럴 용기가 있을지 생각하게 되었다.

7시가 되자 광안리 해변에 친구들이 하나둘씩 모였다. 우리는 모래사장에 동그랗게 서서 먼 길 떠나는 오빠에게 응원의 말을 전하며 작별인사를 했다. 일출 시간이 가까워지면서 하늘이 서서히 밝아왔다. 우리는 각자 카메라를 들고 바다를 바라보며 흩어졌다. 처음에는 떠오르는 해에만 집중했지만, 어느덧 광안대교를 건너는 차들이 눈에 들어왔다.

'아침부터 저 차들은 어디로 가는 걸까?'

붉게 떠오르는 해, 광안대교 위를 달리는 차, 바다에 떠 있는 새들까지. 나의 시선이 닿는 곳을 사진에 담았다. 촬영을 마치고 다시 모여 서로의 사진을 보며 이야기를 나누었다. 같은 일출을 바라보며 촬영했지만, 사진 속에 담긴 풍경은 각기 달랐다. 그 순간 무엇이 끌렸고, 어떤 시선으로 바라보았는지가 드러날 뿐이었다. 예전에는 세상이 정해둔 기준에 맞춰 살아야 한다고 생각했다. 고등학교를 졸업하면 대학을 가고, 졸업 후 취업하고, 적당한 나이에 결혼하고. 그 기준을 벗어나면 실패한 인생처럼 느껴질 것 같았다. 하지만 이제는 안다. 인생에 정답은 없다는 것을. 남과 비교하지 않고 나에게 집중하며, 내가 원하는 속도와 방향으로 살아가는 것이 중요하다는 것을. 나의 인생을 가장 뜨겁게 응원하는 사람은 결국 나 자신이어야 한다는 것을. 그때는 몰랐다. 그다음 해에 내가 퇴사하고 사진작가의 길을 걷게 될 줄은.

제주 새별오름 나홀로나무 　　　　　　　　　　　　　　설경

　　창밖으로 눈이 펑펑 내리고 있었다. 눈길 운전에 자신이 없어 망설이던 나에게 그녀가 말했다.

　　"선영님, 눈 내리는 날 기다리셨잖아요! 어디 가고 싶은 곳 있으세요? 저 오늘 쉬는 날이에요, 같이 가드릴게요."

　　"정말요? 혼자 가는 게 좀 걱정됐는데, 같이 가주신다면 너무 고맙죠."

　　그녀는 제주 애월에서 에어비앤비를 운영하는 호스트였다. 지난해 여름 제주 한 달 살기를 통해 인연을 맺은 이후 겨울에도 다시 이곳으로 오게 되었다. 눈이 내리는 날 가고 싶은 곳은 많았지만, 강풍이 불어 멀리 가기엔 쉽지 않을 것 같았다. 고민 끝에 숙소에서 가까운 새별오름 나홀로나무가 떠올랐다. 특히 눈이 쌓인 풍경은 사진으로만 보았는데, 그 장면을 직접 보고 싶었다.

　　차가 휘청거릴 정도로 바람이 거셌고, 눈발은 앞을 제대로 볼 수 없을 만큼 퍼부었다. 그런 날씨에도 그녀는 차분하고 능숙하게 운전대를 잡고

있었다. 그 모습이 어찌나 든든해 보이는지 안심이 되었다.

새별오름에 도착하니 눈 앞에 펼쳐진 풍경은 하얀 도화지 위에 검은 먹으로 나무 한 그루를 그린 듯했다. 세상이 온통 하얗게 덮인 그곳에, 나무 한 그루만이 고요히 서 있었다.

설경을 촬영하다가 나도 이 장면 속에 함께 담기고 싶다는 생각이 들었다. 평소 같으면 삼각대를 세워 혼자 촬영했겠지만, 거센 바람에 삼각대를 세우는 건 무리였다. 망설이고 있는데, 그녀가 내 마음을 읽기라도 한 듯 말했다.

"선영님, 혹시 사진 찍어드릴까요? 구도 잡아주시면 제가 촬영해볼게요."

그녀 덕분에 눈이 내리는 새별오름에서 나의 모습을 함께 남길 수 있

었다. 그리고 그 사진은 소니코리아 겨울 사진 공모전에서 대상을 받는 영광을 안았다. 그녀에게 수상 소식과 함께 감사함을 전했다.

"정말 기쁜 소식이네요! 저는 셔터만 눌렀을 뿐인데요. 축하해요, 선영님!"

그 후에도 제주를 찾을 때마다 고향에 가듯 애월에 있는 그 숙소에 머물렀다. 몇 년 후 그녀는 제주살이를 정리하고 육지로 돌아오게 되었다. 이제 제주에 가도 그 공간은 없지만, 제주 룸메이트와의 추억은 언제나 내 마음속에 남아 있다.

제주 신풍 신천 바다목장　　　　　　　　　감귤

"너희랑 갔던 신천목장 사진으로 상 받았다. 함 뭉치자, 내가 쏠게."

마실오빠의 연락이었다. 신천목장에서 촬영한 사진이 '제주 드론 필름 페스티벌'에서 상을 받았다는 소식에, 순간 겨울 제주 여행의 기억이 떠올랐다. 사진을 찍는 친구들과 함께한 그날, 우리는 겨울에만 볼 수 있는 풍경을 찾아 신천 바다목장으로 향했다.

멀리서 보았을 때, 바다 앞에 주황빛 꽃밭이 펼쳐진 듯한 그 장관은 사실 귤껍질이었다. 제주 올레길 3코스에 위치한 신천 바다목장은 국내 유일의 귤피 건조장으로, 감귤 수확철이 되면 귤껍질을 해풍과 햇살 아래에서 말리는 것이다.

우리가 도착했을 때 귤피를 거두는 작업이 한창이었다. 조금만 늦었더라면 이 풍경을 놓칠 뻔했다. 바닷바람에 실려 오는 상큼하면서도 시큼한 향기가 코끝을 간질였다. 이 풍경을 드론으로 담은 마실오빠의 사진은 작품이 되었다.

신천목장의 풍경이 황금빛 퍼즐 조각처럼 이어져 있었고, 동그랗게 모여진 귤껍질은 게임 속 보너스 동전 같았다. 같은 장면을 보아도 그는 남다른 시각으로 세상을 담아낸다.

함께 출사 여행을 다니며 나의 사진 실력도 눈에 띄게 성장했다. 그는 내게 사진의 새로운 길을 열어준 스승 같은 존재가 되었다. 오빠의 세심한 가르침 덕분에 사진에 대한 애정은 더 깊어졌다. 사진은 내게 단순한 기록을 넘어, 더 넓은 세상을 선물해주는 존재가 되었다. 그래서 사진과 함께한 여행은 더 특별하게 기억된다.

2월

——◦❦◦——

February

밤새 눈이 얼마나 내렸는지 모래사장은

아무도 밟지 않은 눈밭이 되어 있었다.

폭신한 쉬폰 케이크에

슈가파우더를 뿌려둔 것 같았다.

제주 서귀포 귤나잇 귤밭

멀리 서귀포까지 오시느라 고생 많으셨습니다. 이곳에서는 일상에서 들고 계시던 모든 짐을 내려놓고 편히 쉬어 가시길, 또한 아름다운 섬 제주에서 사랑하는 사람들과 행복한 추억 많이 만들어 가시길.

숙소에 들어서니 사장님이 쓴 손편지가 거실 테이블 위에 놓여 있었다. 테이블 옆에서 따뜻하게 방을 데우는 난로 덕분에 금세 노곤해지는 것 같았다. 왼쪽 방에 들어서니 커다란 창문 너머로 겨울 제주의 풍경이 한눈에 펼쳐졌다. 하얀 눈 모자를 쓴 한라산이 우뚝 서 있고, 그 아래로는 넓은 귤밭이 펼쳐졌다. 이번 여행은 '켈리앤수' 크루로 활동하며 사진 워크숍을 위해 온 제주였다. 그녀들이 준비한 숙소는 이름도 귀여운 '귤나잇'. 귤밭을 품고 있는 2층 독채 숙소였다.

10년 지기 친구인 켈리와 수는 전 세계를 무대로 웨딩사진을 찍는 작가들이다. 그녀들의 활동을 보며 스냅 작가의 꿈을 키워왔다.

그러던 어느 날, '켈리앤수 크루' 모집 공고를 보았다. 가슴이 두근거렸다. 오랫동안 동경하던 작가들과 함께 일할 수 있는 기회가 생겼으니. 스냅 작가가 되고 싶어 했던 나는 어느덧 3년 차 작가로 활동 중이었다. 작가의 삶은 생각보다 쉽지 않았다. 상담부터 촬영, 보정, 마케팅까지 모든 걸 혼자 하려니 버거웠다. 내가 정말 잘하고 있는지조차 확신이 들지 않을 때였다. 함께 일하면 많이 배우고 성장할 수 있을 것 같아 용기 내어 지원했다. 나의 진심이 전해졌는지 합격하게 되었고, 이렇게 사진 워크숍까지 오게 된 것이다.

저녁을 먹고 난 후, 우리는 거실 테이블에 둘러앉았다. 그녀들이 미리 준비해 온 포스트잇을 나눠 받았다. 포스트잇에는 함께하며 좋았던 순간, 앞으로 더 성장하기 위해 각자가 할 수 있는 일, 그리고 사진을 통해 이루고 싶은 꿈들을 적었다. 포스트잇을 커다란 창문에 붙이고, 하나씩 보며 이야기를 나누었다. 꿈과 희망으로 가득한 제주의 밤이 깊어갔다.

"작가님들, 해가 뜨고 있어요! 여기 방으로 와보세요!"

함께 크루로 활동하는 강산 작가의 다급한 외침에 우리는 오른쪽 방으로 뛰어갔다. 커다란 창문으로 아침 햇살이 방안 가득 쏟아져 들어오고 있었다. 모두 본능적으로 카메라를 들고 셔터를 누르기 시작했다. 분위기를 더하기 위해 물을 끓여 머그잔에 따랐다. 뜨거운 물과 차가운 공기가 만나면서 연기가 피어올랐다. 빛을 머금은 연기는 마법을 부리듯 흔들리며 춤을 췄다. 역시 사진에서 최고의 재료는 빛이었다. 잠옷 차림으로 씻지도 않아 부스스했지만 개의치 않았다. 다들 셔터를 누르며 촬영에 몰입했다. 정신을 차려보니 어느새 1시간이 흘러 있었다.

"아니, 누가 사진작가들 아니랄까 봐! 아침부터 이렇게 열정적으로 사진을 찍어도 되는 거예요?"

내 말에 모두들 카메라를 손에 쥔 채 크게 웃었다. 오랫동안 좋아하던 취미가 직업이 되어 가끔은 방황하기도 했지만, 크루로 활동하며 다시 사진을 사랑하고 즐길 수 있게 되었다. 겨울 제주에서 만난 한라산과 귤밭, 사장님의 손편지, 깊은 밤까지 이어진 꿈의 대화, 창문으로 쏟아져 들어온 아침 햇살까지…. 모든 순간이 선물 같았다.

강원 평창 삼양 라운드힐 　　　　　　　　　　눈꽃

드넓은 설원 위로 우뚝 솟은 풍력발전기가 거대한 수호자처럼 서 있는 곳. 이곳은 삼양목장의 겨울 풍경이다. 겨울 여행을 몇 번이나 계획했지만, 기상 상황 때문에 차량 통제가 되어 매번 발걸음을 돌려야 했다. 이번 겨울에도 못 볼까 싶어 아쉬워하던 차에, 오후에 통제가 풀렸다는 소식을 듣고 친구와 함께 서둘러 길을 나섰다.

"바람에 차 문이 꺾일 수 있으니 열고 닫을 때 주의하세요."

올라가는 길에 세워진 경고문이 눈에 들어왔다. 얼마나 바람이 세면 차 문이 꺾인다고 경고할까. 조금 겁이 나기도 했다. 목적지에 도착해 차를 세우고 문을 열려고 손잡이를 잡는 순간, 경고문의 의미를 단번에 깨달았다. 바람은 나와 줄다리기를 하듯 차 문을 팽팽하게 당겼다. 조금만 방심하면 문이 '쾅' 하고 날아갈 것 같았다. 차 문을 천천히 열고 겨우 밖으로 나왔을 때, 그토록 보고 싶었던 삼양목장의 설경이 한눈에 들어왔다. 무릎까지 빠질 만큼 깊이 쌓인 눈이 폭신하게 펼쳐져 있었다. 친구와

나는 아이처럼 눈밭을 뛰어다니다 거센 바람에 휘청이다 넘어져 버렸다. 아프기는커녕 푹신한 이불 위에 누워있는 기분이었다. 며칠 전에 내린 폭설 덕분에 이런 환상적인 눈밭을 만날 수 있었다. 2월, 강원도의 끝자락에서 북동풍이 불어와 눈구름이 만들어내는 이 풍경은 겨울의 마법과도 같았다.

눈밭을 나와 걷고 있던 중 어디선가 '쨍그랑' 소리가 들렸다. 무슨 소리일까? 고개를 두리번거렸다. 그 소리의 정체는 나뭇가지였다. 나뭇가지에는 크리스털같이 투명한 얼음 눈꽃이 만들어져 있었다. 눈꽃은 영하의 온도와 높은 습도, 세찬 바람, 이 삼박자가 맞아 운이 좋아야 만날 수 있는 신비로운 겨울꽃이다. 온도가 높아지거나 습도가 낮아지면 신기루처럼 사라지기도 한다.

파란 하늘 아래 반짝이는 눈꽃, 푹신하게 쌓인 설원. 이곳에서 마침내 내가 그토록 바랐던 완벽한 겨울을 만났다.

슈가파우더를 뿌린 쉬폰 케이크

강원 강릉 사천진 바다   설경

"내일 아침 바다로 나가서 일출을 볼까?"

대설주의보와 함께 폭설이 내린 밤이었다. 그가 나에게 먼저 일출을 보러 가자고 하다니. 창밖에 내리는 눈을 집에서 바라보는 것만으로도 충분하다고 했는데, 그의 마음이 바뀐 이유가 궁금했다. 매일 아침 창문을 빼꼼히 열어 일출을 보는 내가 마음에 걸렸던 걸까.

추위를 많이 타는 그는 만반의 준비를 했다. 히트텍에 목티, 양말 두 개 겹쳐 신고, 목도리와 장갑, 모자까지 꼼꼼하게 챙겨 입었다. 우리는 강릉 한 달 살기를 하는 숙소에서 가장 가까운 사천진 해변으로 향했다. 큰 도로는 제설이 잘 되어 있었지만, 골목길은 얼어 있을 수도 있으니 느린 속도로 조심스럽게 운전했다. 아직 해는 뜨지 않았지만, 바다 위로 연핑크빛 하늘이 은은하게 물들어 있었다.

밤새 눈이 얼마나 내렸는지 모래사장은 아무도 밟지 않은 눈밭이 되어 있었다. 폭신한 쉬폰 케이크에 슈가파우더를 뿌려둔 것 같았다. 정성스

럽게 만든 케이크를 먹기에 아까운 마음처럼, 매끈한 눈 위에 우리의 발자국을 남기는 게 미안해질 정도였다. 우리는 잠시 망설였지만, 손을 잡고 힘차게 뛰어가기로 했다.

"하나, 둘, 셋!"

한발 한발 내디딜 때마다 발이 푹푹 빠져 뛰는 것조차 쉽지 않았다. 비틀거리는 서로를 바라보며 꺄르르 웃다가, 눈밭에 벌러덩 누워버렸다. 눈 쌓인 바다에 누워 헤엄치는 사람처럼 양팔과 두 다리를 위아래로 파닥거렸다. 차가워야 할 눈이 왜 이렇게 따뜻하게 느껴지는 걸까.

고개를 들어보니 해가 떠오르고 있었다. 따스하고 포근한 빛이 우리를 감쌌다. 저 멀리 파도 위에 보석을 흩뿌린 듯 반짝거리는 물결이 모래알처럼 부서져 내렸다. 그 순간, 해수와 대기 온도 차로 생기는 해무가 피어올랐다. 운이 좋아야만 볼 수 있는 해무는 아지랑이처럼 파도 위에서 춤을 추고 있었다. 두 눈으로 보면서도 믿기지 않을 정도로 황홀한 장면이었다. 눈 쌓인 바다에서 보는 일출과 해무는 환상의 조화였다. 따뜻한 이불속이 아닌, 차가운 눈밭에 나란히 앉아 곁을 지켜주는 그. 서로 다른 우리는 이렇게 조금씩 서로에게 다가가고 있었다.

강원 인제 자작나무숲

자작나무

자작나무들의 속삭임을 들을 수 있는 곳, 인제 원대리의 자작나무 숲이다. 입구에서 자작나무숲까지 꼬박 1시간을 걸어야 한다. 오르막이 계속되는 길이라, 아이젠을 준비하지 않으면 미끄러울 수 있다. 처음엔 차가운 바람에 몸이 움츠러들지만, 점점 오르막을 오르며 온몸이 따뜻해졌다. 두꺼운 패딩은 벗어 손에 들고 걷기 시작했다.

작은 자작나무숲이 눈앞에 나타났을 때 목적지에 도착했다고 생각했지만, 그곳은 최종 목적지가 아니었다. 오솔길을 따라 더 걸어가야 했다. 마침내 언덕 너머에 드넓은 자작나무숲이 나타났다. 저 멀리 자작나무로 지어진 아담한 인디언 집이 숲의 중심에 서 있었다. 그 집을 둘러싼 360도의 자작나무 군락이 사방을 에워싸고, 높이 뻗은 나무들은 하늘과 닿을 듯 치솟아 있었다. 고개를 한참 들어야만 그 끝에 파란 하늘이 보인다. 하늘로 이어지는 길을 따라 자작나무가 손을 뻗고 있는 듯했다.

"하나, 둘, 셋! 점프!"

사람들이 지나가길 기다린 후 자작나무 숲길에서 점프를 하며 사진을 찍었다. 자작나무 숲은 온통 하얀색이라 포인트가 되기 위해 빨간 패딩을 입었는데, 그러길 잘했다. 역시 겨울에 산타 할아버지가 빨간 옷을 입은 건 다 이유가 있는 것이었다. 이곳은 산속 깊이 위치해 있어 햇빛이 잘 들지 않지만, 그 덕에 내린 눈이 쉽게 녹지 않는다. 그래서 이곳에선 겨울 내내 눈을 즐길 수 있다.

자작나무의 흰 수피는 왜 이렇게 눈처럼 하얀 것일까 궁금했다. 대부분의 나무가 갈색 껍질을 가지고 있는데, 자작나무는 다르다. 자작나무의 흰 수피는 혹독한 추위와 강한 바람을 견디기 위해 껍질에 지방 성분을 함유하고 있기 때문이라고 한다. 겨울을 견디는 동물들이 지방을 저장하듯, 자작나무도 자신을 보호하기 위해 이렇게 살아남은 것이다. 그 껍질에는 기름기가 많아, 과거 전기가 없던 시절에는 자작나무가 등불 역할을 해주었다고 한다. 불에 지피면 화력이 좋아지며 '타닥타닥' 소리를 내며 불타오르는데, 그 소리는 나무가 속삭이는 듯했다. 자작나무 향초를 태울 때 들리던 그 타닥거리는 소리가 지금 이 숲에서도 귓가에 맴도는 듯했다. 이 소리가 자작나무의 속삭임이 아닐까.

사계절 웨딩

강원 평창 애니포레   가문비나무

'우리 겨울 스냅은 강원도로 갈까요?'

사계절 웨딩스냅 프로젝트를 진행하고 있는 신부님에게 메시지를 보냈다. 그녀는 가족스냅 촬영으로 처음 인연이 되었는데, 몇 년 후 결혼을 준비하며 웨딩스냅을 찍고 싶다며 다시 연락을 준 것이다. 한 번의 만남으로 끝나지 않고 소중한 인연이 이어져 갈 수 있음에 얼마나 기뻤는지 모른다. 소중한 인연인 만큼 더 기억에 남는 웨딩사진을 만들어 주고 싶었다.

"혹시 사계절 웨딩스냅은 어때요? 결혼까지 1년 정도 남았으니 계절마다 기록하면 더 의미 있을 것 같아서요."

"우와! 그런 웨딩사진도 가능해요? 그럼 작가님과 계절마다 만나게 되는 거네요? 저희가 평소 여행을 많이 다니지 않아서 사진이 별로 없는데, 사계절 동안 사진을 남길 수 있다니 특별할 것 같아요. 좋아요."

그렇게 시작된 사계절 웨딩스냅은 이제 마지막 겨울 스냅만이 남았다.

장소를 고민하던 중, 지난겨울 다녀왔던 애니포레가 떠올랐다. 겨울 스냅이라면 눈이 있는 배경이 좋을 것 같았지만, 눈이 내리는 날을 맞추기란 쉽지 않다. 게다가 눈이 쌓인 깊은 산속에 웨딩드레스를 입고 들어가는 건 더욱 힘든 일이다. 애니포레는 발왕산 해발 1,000미터에 위치하는데, 용평리조트에서 모노레일을 타면 10분 만에 편하게 도착할 수 있는 곳이라 최적의 장소로 생각됐다.

모노레일을 타고 도착한 애니포레 정상에는 녹지 않은 눈이 가득 쌓여 있었다. 패딩을 벗고 촬영을 준비를 시작했다. 신부님은 하얀 실크 드레스에 하늘색 카디건을, 신랑님은 하늘색 니트에 블랙 롱코트를 입었다. 겨울 분위기에 잘 어울리는 화사하면서도 차분한 의상이었다. 우리가 가장 먼저 향한 곳은 가문비나무숲. 크리스마스트리로 익숙한 가문비나무 약 1,800여 그루가 심어진 곳이다.

손을 꼭 잡고 숲길을 걷는 그들의 뒷모습이 겨울의 버진로드에서 웨딩 행진을 하는 것처럼 보였다. 양쪽으로 눈 쌓인 가문비나무들은 하객이 되어 축하해주고 있었다. 눈이 쌓인 언덕에서 누워보기도 하고, 눈을 던지며 장난을 치는 자연스러운 모습을 담았다. 뷰파인더로 두 사람의 사랑스러운 모습을 보다 보니 그동안 함께했던 시간들이 머릿속에 떠올랐다. 애니포레의 겨울은 사계절 웨딩스냅의 완벽한 피날레가 되었다.

강원 인제 매바위 빙벽

꽁꽁 얼어붙은 거대한 얼음벽이 성벽처럼 우뚝 솟아 있었다. 인제 용대리 매바위의 인공 폭포가 겨울이면 완전히 얼어붙어, 80미터를 넘는 빙벽을 만들었다. 이는 25층 건물에 맞먹는 높이로, 그 앞에 서면 자연의 웅장함에 압도당하지 않을 수 없었다. 가까이 다가갈수록 얼음벽의 위압감이 더해졌다. 얼음의 표면은 매끄러워 보였고, 빛을 받아 반짝이는 얼음층은 유리벽처럼 보였다. 빙벽에 매달려 올라가는 사람들의 모습이 점처럼 작아 보였다. 아찔해 보였다.

"와, 나는 돈을 줘도 못 올라갈 것 같은데…. 보기만 해도 무섭다."

"나도 이제는 자신 없어. 대단하다, 저 사람들."

고개를 끄덕이며 지난 유럽여행의 기억을 떠올렸다. 예전에 나는 겁이 없었다. 버킷리스트에는 패러글라이딩, 스카이다이빙, 번지점프 등이 있었다. 체코에서 스카이다이빙에 도전하기로 했다. 하늘을 나는 기분이 어떨지 궁금했다. 경비행기를 타고 구름보다 높이 올라갔다. 드디어 내

차례가 되었을 때. 문 앞에 서니 한 번도 경험하지 못한 공포감이 밀려왔다. 발아래 펼쳐진 구름바다를 보니 손에서는 식은땀이 났고, 도망치고 싶은 마음이 밀려왔다. 그 순간 나의 파트너가 "원, 투, 쓰리"를 외치더니 순식간에 하늘로 몸을 내던졌다. 낙하산을 펼치기 전까지 자유낙하를 하는 10초의 짧은 시간 동안, 영혼이 몸을 떠나 하늘을 헤매는 듯한 기분이었다. 세상이 뒤집힌 듯 혼미했고, 죽음의 공포까지 엄습해왔다. 10초가 10분처럼 길게 느껴졌다. 그 이후로 버킷리스트에 있던 번지점프는 지워버렸다. 놀이기구조차 무서워졌다. 스카이다이빙 이후 나에게 고소공포증이 생겼다.

지금 눈앞에 펼쳐진 빙벽을 보니, 아찔해지며 손에 땀이 났다. 두 발을 땅에 딛고 있다는 사실이 새삼 감사하게 느껴졌다. 우리는 빙벽을 배경 삼아 사진을 담는 것만으로도 만족했다.

3월

———❧———

March

따사로운 햇살이 손 위에

꽃 그림자를 그린다.

두 손에 가득 담아낸 봄의 기운.

어서 와, 봄아.

경남 양산 통도사 　　　　　　　　　홍매화

　겨울이 아직 끝나지 않았음에도 서둘러 봄의 소식을 전하는 매화. 꽃 중에서도 가장 먼저 피어나기에 '꽃의 맏형'이라는 든든한 별명을 지니고 있다. 겨울 끝자락에 이르면 매화가 언제쯤 피어날까 애타게 기다리게 된다. 가끔 내가 너무 유별난 건 아닐까 생각해 보기도 했지만, 선조들은 매화를 찾아 눈길을 걷는 '심매' 또는 '탐매행'이라는 풍습을 즐겼다고 한다. 눈 덮인 매화나무에서 첫 꽃을 찾아낸 기쁨은, 아마 심마니가 산삼을 발견한 것과 다를 바 없었을 것이다. 꽃을 사랑하는 애틋한 마음이 오래전부터 이어져 온 것임을 알게 되었다.

　매화는 색에 따라 이름이 달라지는데, 흰 매화는 '백매', 붉은 매화는 '홍매'라 부른다. 특히 대한민국에서 홍매화로 유명한 세 사찰이 있다. 구례 화엄사, 양산 통도사, 그리고 서울 봉은사가 그곳이다. 그중에서도 봄을 가장 먼저 알리는 곳은 남쪽에 위치한 양산 통도사이다. 낙동강과 동해를 품고 있는 영축산 남쪽 기슭에 자리 잡고 있다.

봄의 시작을 알리는 홍매화가 피어날 때 그 모습은 절경이다.

통도사에는 수령 350년을 자랑하는 홍매화가 있다. 자장율사의 뜻을 기리기 위해 심은 이 매화나무는 그의 이름을 따 '자장매'라고 불린다. 햇살 아래 분홍빛으로 물든 홍매화는 보석처럼 영각 앞에서 빛난다. 나뭇가지에 매달린 작은 꽃잎들이 햇빛에 반짝이며 봄의 시작을 알린다.

홍매화가 피었다는 소식을 듣고 서둘러 봄 마중을 하러 찾아온 통도사. 매화나무 아래에서 고개를 들어 올려다보니 꽃으로 이뤄진 궁궐 안에 들어온 것처럼 아득해진다. 낮은 매화나무 가지 아래로 다가가, 살포시 두 손을 펼쳐본다. 따사로운 햇살이 손 위에 꽃 그림자를 그린다. 두 손에 가득 담아낸 봄의 기운. 어서 와, 봄아.

경남 양산 순매원   매화

영남 알프스에 눈이 쌓였다는 소식을 듣고 가슴이 설렜다. 겨울에도 눈이 잘 내리지 않는 경상도에서, 설경과 함께 매화를 볼 수 있는 기회는 드물다. 어쩌면 말로만 듣던 '설중매'를 직접 마주할 수 있을지도 모른다는 기대감이 생겼다. 눈이 금세 녹아버릴 수도 있어 주말까지 기다릴 수 없었다.

"내일 순매원에 매화 보러 갈 사람! 지금 영남 알프스에 눈 쌓였대."

"내일? 하긴 눈 녹을 수도 있으니, 나 갈 수 있어! 오늘 연차 낼게."

"나도 연차 낼게! 내일 보자."

직장을 다니는 친구들과 연차를 내고 즉흥적으로 출사를 계획했다. 새벽이 채 밝기 전, 우리는 순매원 주차장에 모였다. 기대와는 달리 하루 사이에 눈이 많이 녹아 있었지만, 남아 있는 눈만으로도 고마운 풍경이었다.

영남 알프스를 배경으로 매화가 꽃망울을 터트린 순매원. 순매원을 가로지르는 낙동강과 그 위로 이어진 경부선 철길. 그곳을 달리는 기차는 멈춰 있는 영상에 재생 버튼을 누른 듯 고요한 풍경에 생동감을 더했다. 코레일 어플로 기차 시간표를 확인하면 언제 기차가 지나갈지 미리 알 수 있다. 매화와 설경이 어우러진 이 풍경에는 현대적인 KTX보다 복고풍의 무궁화호가 더 잘 어울렸다.

전망대에서 내려다본 순매원의 풍경은 구름 위에서 세상을 내려다보는 신선의 기분을 느끼게 했다. 눈 덮인 산과 매화나무 사이로 기차는 시간과 공간을 멈춘 듯하면서도, 동시에 끊임없이 흐르고 있는 것처럼 보였다. 충분히 풍경을 감상한 후, 우리는 순매원 아래로 내려가기로 했다.

"기차도 충분히 다 찍었고, 이제 슬슬 내려가자. 배도 좀 고프네."

"나도 아침 못 먹고 왔더니 배고프네. 뭐 좀 먹을까?"

순매원에는 수령 20년 정도 된 2만여 그루의 매화나무가 자리 잡고 있었다. 키가 크지 않은 나무들 아래에는 빨간 테이블과 의자가 옹기종기 놓여 있었다. 우리는 매화나무 아래에 앉아 파전과 어묵을 주문했다. 차가운 새벽 공기 속에서 뜨거운 어묵 국물이 목으로 넘어가자, 온몸이 따뜻해지며 저절로 "크으" 하는 소리가 나왔다. 여기에 막걸리를 마시면 좋겠지만, 다음 일정을 위해 아쉬운 마음을 달랬다. 눈 쌓인 영남 알프스 산을 보며 은은한 매화 향기에 취해본다.

매화가 불러오는 봄

전남 광양 매화마을　　　　　　　　　　　　　매화

　봄이 오면 광양 매화마을은 눈이 소복이 내려앉은 듯, 매화가 흐드러지게 피어난다. 이른 봄 3월에는 꽃이 피는 곳이 거의 없어 광양 매화마을의 인기가 단연 독보적이다. 여러 번 매화마을을 방문해 본 경험으로 아침 일찍 가거나 오후 늦게 방문하는 것이 좋다. 새벽에 도착해 매화마을의 고요한 풍경을 즐기고, 그날 부족한 잠은 낮잠으로 보충하는 편이 낫다. 그렇지 않으면 꽃보다 사람 구경을 더 많이 하게 될 수도 있다.

　매화마을에서 만난 최고의 순간은 일출이었다. 높은 바위 전망대는 새벽부터 자리를 잡은 사람들로 가득하다. 내가 즐겨 찾는 포인트는 바위 전망대 맞은편 레일이 있는 언덕이다. 떠오르는 해와 매화의 실루엣이 하나로 어우러진다. 해가 떠오르고 나자 삼각대를 세우고 사진을 찍던 이들이 하나둘 자리를 옮긴다. 그때가 되자 여유롭게 바위 전망대로 발걸음을 옮겨본다.

높은 바위 전망대에 올라서면 마을을 발아래로 내려다볼 수 있다. 돌담길과 오솔길이 정겹게 이어져 있고, 그 사이로 전래동화 속에 나올 법한 초가집들이 자리 잡고 있다. 부드러운 아침 햇살이 매화 꽃잎, 돌담 사이, 초가지붕까지 구석구석 스며든다.

전망대를 내려와 발길 닿는 대로 매화마을을 거닐어본다. 유명한 포인트에서 조금만 벗어나도 사람들의 발길이 뜸해진다. 매화나무 아래에 앉아 여유를 즐기다가, 졸졸 흐르는 물길을 발견했다. 촉촉해진 땅으로 작은 새싹들이 힘차게 고개를 내밀고 있었다. 추운 겨울을 이겨내고 부지런히 봄이 시작되고 있었다.

경남 거제 지심도 　　　　　　　　　　　　　　　동백

하늘에서 내려다본 섬의 모양이 마음 심(心)자를 닮아 이름 붙여진 지심도. 거제도 일운면에 딸린 작은 섬이다. 지심도는 자연의 아름다움과 깊은 역사를 품고 있으며, 전국에서 걷고 싶은 길 17선, 거제 8경 중 하나로 꼽힌다. 특히 동백꽃으로 유명한데, 3월까지 피고 지는 동백들이 겨울의 끝자락에서 봄을 맞이하는 듯, 섬이 붉은 물결로 물들어간다.

겨울과 작별 인사하듯 지심도로 향하는 배를 탄다. 뱃길 15분 만에 사람의 손길이 닿지 않은 동백섬에 도착할 수 있다. 자연 그대로의 원시림 모습을 간직한 지심도. 일본과 가장 가까운 위치에 있어 희생을 당하기도 했다. 섬 곳곳에는 일제강점기 일본군의 주둔지가 된 탄약고와 구멍 나고 상처 난 흔적을 고스란히 볼 수 있다.

동백꽃은 꽃이 질 때조차 아름답다. 다른 꽃들은 시들어 꽃잎이 떨어지는 것과 달리, 동백은 꽃송이째 통째로 바닥에 떨어져 마지막 순간까지도 그 고운 자태를 유지한다. 떨어진 동백꽃을 밟고 지날 때마다, 고난

속에서 피어난 꽃의 힘과 삶의 애환이 느껴진다.

아픈 역사 속에서도 묵묵히 아름다운 꽃을 피운 동백. 한국인의 한이 서려 있는 동백의 상징이 이곳에서 그 흔적과 함께하니 가슴이 먹먹해진다. 이제는 그 흔적을 지우기보다는 하나의 기록으로 남기고 담담히 그 역사를 잊지 않으려 되새겨본다. 곳곳에 아팠던 상처가 아물고 사람들의 웃음소리와 희망찬 새소리로 채워진 섬. 이제는 편안하고 행복한 마음의 지심도가 되기를.

경남 거제 공곶이   수선화

    동백터널이 안내하고, 수선화가 반겨주는 곳. 거제도 예구마을 남쪽 끝자락에 자리 잡은 공곶이다. 바다 쪽으로 볼록 튀어나온 지형이 궁둥이를 닮았다고 해서 붙여진 귀여운 이름이지만, 이곳에는 감동적인 스토리가 있다. 황무지나 다름없던 이 야산은 50년 넘는 세월 동안 한 노부부의 손끝에서 천천히 지상낙원으로 변모했다. 호미와 삽, 곡괭이만으로 이루어낸 그들의 정성 덕분에 오늘날 4만 평이 넘는 농원에는 그들의 손길이 닿지 않은 곳이 없다.

    입구로 향하려면 산비탈을 따라 30여 분을 걸어 올라야 한다. 입구에 도착하니, 가파르게 이어진 돌계단이 눈앞에 펼쳐진다.

    '여기까지 헉헉대며 올라왔는데 다시 내려가야 한다니….'

    투덜거리며 계단을 내려가던 중, 뒤에서 들려오는 엄마와 아이의 대화가 마음을 울린다.

    "이 계단을 할아버지께서 직접 돌을 하나하나 옮겨서 만드셨대. 대단

하다. 그치?"

그 말을 듣자 할아버지께 죄송한 마음이 들었다. 나는 단지 계단을 밟아 내려가기만 하면 되는데, 이 돌을 하나하나 옮겼을 할아버지의 공에 절로 고개가 숙여졌다. 한참을 내려가니 다리가 후들거리기 시작했다. 30여 분을 내려가니 바다를 배경에 두고 노란 수선화 꽃밭이 펼쳐진다. 그 규모가 무려 4,500평이다.

젊은 시절, 이곳에 반한 할아버지는 틈틈이 땅을 사들이고, 할머니가 좋아하는 수선화를 심기 시작했다고 한다. 꽃밭의 시작은 오직 수선화 두 뿌리. 수선화가 피기 시작하면 두 사람은 바빠진다. 멀리서 바라보면 지상낙원에 꽃 천국이지만, 현실은 매일 잡초와의 전쟁이었다. 잡초가 수선화를 덮어버리기 전에, 젊은 날의 온 힘을 다해 하나하나 손으로 제거해야 했다. 그들이 바친 시간과 정성의 아름다움을 결코 혼자만 누리지 않았다. 노부부는 곳곳이를 무료로 개방하며, '좋은 풍경은 함께 나눠야 한다'는 따뜻한 마음으로 이 낙원을 사람들과 함께 나누고 있었다. 바람이 불자 수선화들이 일제히 흔들리며 노란 물결을 만들었다. 그 아름다운 풍경에 감탄하고 있을 때, 할머니가 다가왔다. 옆 가판대에서 직접 수선화 꽃다발을 판매하고 있었다. 가격은 한 단에 천 원이었다.

"할머니, 이곳 정말 아름다워요. 이렇게 고생해서 가꿔주신 덕분에 눈이 호강하네요. 정말 감사합니다."

"오는 길 힘들었을 텐데, 이렇게 찾아와줘서 우리가 더 고맙지요."

"그런데 꽃다발이 너무 저렴한 것 같아요. 더 받아도 될 것 같은데…."

옆에 있던 할아버지도 웃으며 말씀하셨다.

"아니야, 이 정도면 충분하지. 금방 밭에서 가져온 거라 향기가 정말 진해. 집에 두면 수선화 향기로 가득한 게 얼마나 좋은지 몰라."

정성과 사랑이 담긴 수선화 꽃다발 세 단을 사서 향기를 맡아보았다. 봄의 기운이 온몸으로 퍼졌다. 그런 나를 흐뭇하게 바라보는 두 사람. 그들에게서 꽃보다 더 진한 향기가 났다.

전남 구례 산수유마을 　　　　　　　　　 산수유

봄이 시작되면 초록 잎보다 먼저 피어나는 꽃들이 있다. 그중에서도 가장 화사하게 빛나는 색은 단연 노란색이다. 산에서 먼저 피어나는 산수유와 생강나무, 들판에는 민들레와 유채꽃, 개나리꽃이다. 일반적으로 노란 꽃들은 추위에도 강하고, 척박한 환경에서도 꿋꿋하게 살아가는 힘을 지녔다. 그래서일까, 노란색은 자존감이 떨어진 사람들에게 자신감과 낙천적인 태도를 선물하는 색이라고도 한다. 노란 꽃을 볼 때마다 마음이 설레고 기분이 좋아지는 이유가 여기에 있었구나.

노란 꽃이 보고 싶을 때 달려가는 곳이 있다. 바로 구례의 산수유 마을이다. 예전엔 대중교통으로 가기 힘들었지만, 이제는 기차를 타고 편리하게 구례구역에 도착할 수 있다. 3월이 되면 구례에 있는 산동마을이 온통 샛노랗게 물든다. 지리산 노고단 아래 자리 잡은 이 마을은 한때 농사가 어려운 척박한 땅이었다. 그 땅에 산비탈에서도 잘 자라는 산수유나무를 심기 시작한 것이 오늘날 전국 최대의 산수유마을을 만들었다.

산수유나무 세 그루만 있으면 자식을 대학에 보낼 수 있다고 하여, 이 나무는 마을 사람들에게 '대학 나무'로 불리며 희망의 상징이 되었다. 이들에게 산수유는 그저 꽃이 아니라 삶을 지탱하는 보물이자 소중한 친구였을 것이다.

산수유마을은 지리산 온천 관광단지에서 시작된다. 온천단지를 지나면 노란 산수유꽃들이 반겨준다. 마을은 크게 네 구역으로 나뉘어 있으며, 그중 상위마을은 마을 가장 높은 곳에 자리하고 있다. 돌담과 올망졸망한 집들이 이어진 하위마을, 서시천을 따라 걷는 데크 산책로의 반곡마을, 마지막으로 현천마을까지. 마을은 지리산을 병풍 삼아 노란 옷을 입고 상춘객을 맞이하고 있었다. 그중 반곡마을의 꽃 터널을 향해 발걸음을 옮겼다. 길을 안내하는 표지판에 새겨진 글귀가 눈길을 끌었다.

지리산 품에 안긴 산수유마을의 3월은 어깨 걸듯 정답게 이어지는 돌담 따라 산수유 꽃등 켜는 꽃담길로 오고, 온 산이 단풍으로 타오르는 10월은 영롱한 유리알로 산수유 붉게 익어가는 꽃담길에 도란도란 추억으로 머문다.

늘 봄에만 찾아왔던 나에게, 가을에도 산수유의 붉은 열매를 보러 오고 싶게 만들었다. 데크에 올라서자마자 길게 늘어진 산수유꽃 터널이 눈앞에 펼쳐졌다. 옆으로는 지리산의 맑은 물이 흘러 섬진강으로 달려가고 있다. 가까이서 산수유꽃을 바라보며 작은 꽃과 눈 맞춤을 한다. 바람에 흔들리는 꽃들이 잘 왔다며 반겨주는 듯하다. 눈과 마음이 희망찬 노란색으로 물들어간다.

경기 이천 산수유마을 　　　　　　　　　　　　　　산수유

경기도에도 봄이면 마을 전체가 산수유로 노랗게 물드는 곳이 있다.
바로 이천 백사면에 위치한 산수유마을이다. 이곳은 100년 이상 된 산수
유나무 1만 8천여 그루가 군락을 이루고 있어, 마을 전체가 노란 물감을
뿌린 듯하다. 이천에 산수유마을이 형성된 데는 특별한 역사적 배경이
있다. 조선 중종 때, 기묘사화로 인해 엄용순과 여섯 명의 선비가 이곳으
로 낙향했고, 그들이 지은 정자 육괴정 주변에 산수유와 느티나무를 심
은 것이 마을의 시작이었다. '육괴정'이라는 이름도 여섯 선비가 우정을
기리며 붙인 이름이다.

마을 초입에 도착해 걸음을 내딛자, 양옆으로 산수유나무들이 노란 꽃
을 피워 길을 안내해준다. 따뜻한 봄바람에 살랑이는 산수유꽃 사이를
걷다 보면, 아기자기한 돌담집들과 연못, 그리고 육괴정이 모습을 드러
낸다. 그 옆에는 마을의 보호수로 지정된 수령 500년의 느티나무가 우
뚝 서 있다. 그 웅장한 모습에서 세월이 고스란히 느껴진다.

산수유는 멀리서 보면 둥근 꽃송이 같지만, 가까이서 들여다보면 그 꽃의 모양이 독특하다. 꽃대 끝에 20~30개의 작은 꽃들이 방사형으로 달려 있고, 꽃잎은 뾰족한 긴 타원 모양이다. 옥수수 알갱이가 터지듯, 단단한 깍지를 깨고 노란 꽃이 펑 하고 터진 것 같다. 산수유꽃이 폭죽 같다고 생각하니 여기저기에서 소리가 들리는 듯하다.

"팡팡! 피융 피융!"

봄 햇살을 가득 모아 안간힘으로 올망졸망 쏘아 올린 꽃 폭죽. 이천 산수유마을을 걸으며 산수유꽃 폭죽 축제를 즐겨본다. 사람들의 웃음소리와 새들의 지저귐이 어우러져, 봄의 향연으로 물든다.

이곳에는 많은 이들이 찾는 '연인의 길'이라는 돌담길이 있다. 좁고 긴 돌담길에 가족, 연인들이 다정히 걷고 있다. 산수유 꽃말은 '영원한 사랑'이라던데, 이 길을 걸으면 정말 사랑이 이루어질 수 있을까. 옆에 걷고 있는 그의 손을 살며시 잡아본다.

경북 경주 대릉원 목련

경주는 신라시대의 커다란 보물 상자 같다. 그중에서도 나에게 가장 소중한 장소는 대릉원이다. 대릉원은 거대한 무덤들이 있는 동산이라는 뜻인데, 어릴 적에는 그 커다란 '능'을 보고 텔레토비 동산 같다는 생각을 하기도 했다. 대릉원 안에는 여러 무덤이 있지만, 그중 유일하게 내부를 볼 수 있는 곳이 천마총이다. 천마총은 하늘을 나는 말이 그려진 '천마도'가 발견된 곳으로, 많은 보물과 유물이 발견되었다. 최근 대릉원은 누구나 무료로 입장할 수 있게 되었는데, 천마총만은 보존을 위해 유료로 운영되고 있다. 요즘 대릉원에서 천마총만큼이나 사람들의 발길을 끄는 것이 있다. 바로 '목련나무'다. 황남대총을 배경으로 능 사이에 자리 잡은 목련나무는 인기 있는 포토존이 되어, 사람들이 줄을 서서 사진을 찍을 때도 많다.

"언니, 우리도 여기서 인증샷 찍어요."

대릉원에 오면 꼭 목련나무 앞에서 사진을 남기는데, 사계절을 모두

기록해보았다. 황남대총 목련나무는 인기가 많아 오래 머물 수 없다. 빠르게 인증샷만 찍고 우리는 후문 쪽으로 발걸음을 옮긴다. 대릉원 곳곳에 목련나무들이 많은데, 그중에서 한적하게 감상할 수 있는 장소가 있다. 내가 가장 좋아하는 곳은 대릉원 연못 앞에 서 있는 목련나무다. 이곳은 언제 와도 한적해서, 목련의 고요한 아름다움을 여유롭게 즐길 수 있다.

"언니, 하얀 카디건이 목련이랑 잘 어울리는데? 혹시 색 맞춘 거예요?"

"맞아. 완전 새하얀 건 아니고 살짝 아이보리 톤이지."

그림 작가인 복고풍언니는 늘 꽃놀이 의상에 진심이다. 하얀 카디건과 갈색 원피스가 목련의 부드러운 꽃잎을 닮아 더 우아하게 느껴졌다.

"목련 룩이네요. 예뻐요."

　내 칭찬에 수줍게 미소 짓는 언니의 모습이 귀여워 나도 덩달아 미소가 번졌다. 우리는 나란히 벤치에 앉아 목련나무를 올려다본다. 아직 피지 않은 꽃봉오리들이 눈에 들어온다. 목련의 꽃봉오리는 붓처럼 통통하게 오므려져 있었다. 나뭇가지는 손잡이, 꽃봉오리는 붓끝이 되어 하늘을 부드럽게 파랗게 칠하는 것만 같았다. 목련 가지 사이로 봄 햇살이 따사롭게 스며들었다.

행복은 강도가 아닌 빈도

서울 봉은사 　　　　　　　　　　　　　　　　 홍매화

서울의 봄을 맞이하러 봉은사로 향했다. 혼자 가려다 문득 삼성동에서 일하는 영은언니가 생각났다.

"언니, 나 내일 봉은사에 매화 보러 갈 건데, 혹시 시간 돼?"

"정말? 벌써 매화가 폈구나. 점심시간에 나갈 수 있을 것 같아! 나도 같이 가볼래."

봉은사는 서울의 복잡한 도심 한가운데, 고층 빌딩 숲속에 자리한 고요한 사찰이다. 분주한 강남 거리를 지나 봉은사에 들어서는 순간, 과거로의 시간여행을 떠나는 듯한 기분이 들었다. 1,200년의 역사를 지닌 조계종의 대표 사찰인 봉은사, 그 고요함 속에서 세월의 무게가 묻어났다.

일주문을 지나자마자 왼쪽 연못과 주차장 사이에 홍매화가 먼저 눈에 들어왔다. 바람에 살랑이는 꽃잎들이 봄의 시작을 알리며 우리를 반겨주었다. 길을 따라 천천히 오르다 보면, 알록달록한 오색 연등이 고운 빛을 내서 장식되어 있었다. 보통 5월쯤에나 볼 수 있는 연등이, 이곳 봉은사

에서는 3월부터 걸려 있어 봄을 조금 더 일찍 맞이하는 기분이었다.

봉은사에서 가장 유명한 홍매화는 대웅전 뒤편 영각에 있다. 이 매화나무는 서울에서 가장 먼저 꽃을 피운다고 한다. 영각의 단청과 어우러진 홍매화는 더욱 화려하고 생동감이 넘치고, 뒤편 오솔길에는 노란 산수유가 피어 있었다. 홍매화와 산수유가 나란히 봄의 소식을 전하며, 한 걸음 한 걸음 걸을 때마다 봄의 향기가 짙어졌다.

사찰 곳곳에는 정장을 입은 직장인들을 심심찮게 볼 수가 있다. 목에는 사원증을 걸고, 한 손엔 커피를 든 채 부지런히 걸음을 옮기면서도 얼굴엔 미소가 번져 있었다. 바쁘게 일하다가 시간을 쪼개어 부지런히 봄을 맞이하러 나온 걸까. 그들에게도 봉은사는 잠시 숨을 고를 수 있는 작은 쉼터가 되어주는 듯했다.

"7년 동안 강남에서 일하면서 봉은사엔 처음 와봤어. 점심시간에 이렇게 직장인들이 많이 오는 줄 몰랐네. 앞으로 자주 산책하러 와야겠어."

언니에게 점심과 맞바꾼 꽃놀이가 무리하는 게 아닐지 걱정했는데, 밝은 목소리와 환한 미소를 보니 안심됐다. 1시간 남짓의 짧은 꽃놀이였지만, 봄을 맞이하기에는 충분한 시간이었다. '행복은 강도가 아닌 빈도'라는 말을 좋아한다. 일상에서 작은 틈을 내어 즐기는 소소한 행복을 자주 만드는 것. 그 작은 순간들이 쌓여 우리에게 힘이 되는 게 아닐까.

4월

April

벚꽃 폭포가
쏟아져 내리는 것 같았다.
하얀 꽃잎들이 바람에 흩날리며,
다리 위를 수놓았다.

서울 용산공원 　　　　　　　　　　　　목련

서울에서 만날 수 있는 작은 미국. 미군 기지가 평택으로 이전하면서, 과거 미군이 머물렀던 흔적이 가득한 용산공원의 일부가 시민들에게 개방되었다. 영어로 쓰인 표지판부터 붉은 벽돌로 지어진 건물까지, 이곳에 들어서면 미국 어느 마을에 온 듯한 착각이 들 정도이다.

미군들이 조경에 진심이었을까? 건물마다 앞마당에 나무들이 심겨 있는데, 그중에서도 우아한 목련나무들이 단연 돋보인다. 용산공원에 봄이 찾아오고 목련이 피어났다는 소식에 달려갔다. 용산공원에는 주차장이 없으니, 대중교통을 이용하는 것이 좋다. 서빙고역에서 내리면 가장 빠르게 용산공원의 반환 부지 입구에 갈 수 있다.

용산공원에서 가장 큰 목련나무는 5515번 건물 앞 담벼락에 있다. 붉은 벽돌 건물을 배경과 대비되어 하얀 목련꽃의 자태가 선명하다. 꽃잎이 바람에 살랑이며 빛을 받는 모습은 실크 드레스를 입은 여인의 자태를 닮았다. 야외놀이터 앞에 있는 목련 포인트도 인기 있는 촬영지다.

목련은 나무에서 '연꽃 같은 꽃이 핀다'라고 해서 붙여진 이름이다. 동그랗고 통통한 봉오리 형태에서 꽃잎이 보자기처럼 펼쳐지는 모습이 정말 연꽃과 많이 닮았다. 새하얀 목련은 실크 드레스를 입은 듯한데, 이런 우아한 모습 덕분인지 '봄꽃의 여왕'이라고 불리기도 한다.

용산공원에는 목련나무 외에도 벚꽃나무도 많다. 5510, 5520, 5514번 건물 앞에는 가장 크고 풍성한 벚꽃나무가 있어 봄날을 더욱 화사하게 만들어 준다. 건물마다 번호가 적혀 있어 지도를 보고 쉽게 찾을 수 있는 점도 흥미롭다. 가을이 되면 이곳의 나무들은 단풍으로 물들며 새로운 옷을 갈아입는다. 키가 크고 웅장한 나무들이 선사하는 가을 풍경은 또 다른 계절의 서정적인 아름다움을 선물한다. 용산공원은 어느 계절에 방문해도 이국적인 분위기를 느낄 수 있는 매력적인 여행지이다.

전북 고창 학원농장   청보리

"당신을 만나기 전까지 나의 마음은 늘 요동쳤다. 신기하게도 당신을 만나고 평온함을 느꼈다. 물론 아직도 여전히 요동치고 불완전하지만, 이제는 이런 내가 좋다. 당신과 함께라면."

그에게 영상으로 만든 편지를 받았다. 그의 진심이 고스란히 느껴져서 가슴이 뭉클해졌다. 영상감독이라는 그의 직업이 나와 비슷하면서도 다른 분야라서 흥미로웠다. 만날수록 다정하고 세심한 그가 더 좋아졌다. 언제나 나를 응원해주고 존중해주는 그가 고마웠다. 그와 함께라면 진흙탕 길일지라도 꽃길처럼 즐겁게 걸어갈 수 있을 것 같았다. 그의 영상 편지를 몇 번이나 반복해서 보며 나는 결심했다. 이 사람과 결혼해야겠다고.

4월의 푸른 청보리밭을 그에게 보여주고 싶었다. 바로 이곳에서 내 진심을 전하고 싶었다. 영화 「러브레터」의 '스케치북 프러포즈'가 떠올랐

다. 문구점으로 달려가 스케치북을 사고, 책상 서랍에서 색연필을 꺼냈다. 어떻게 내 마음을 표현할까 고민하다가, 내가 좋아하는 김동률의 노래 '감사'의 가사에 내 마음을 담기로 했다. 스케치북을 가방에 조심스럽게 숨기고 우리는 고창 학원농장으로 향했다. 4월의 학원농장은 연둣빛 청보리로 넘실거리고 있었다. 끝없이 펼쳐진 청보리밭을 보며 그는 감탄했다.

"와, 이런 곳이 있다니! 우리나라에 정말 멋진 곳이 많구나. 여기가 내 최애 여행지가 될 것 같아."

그의 반짝이는 눈을 보며 흐뭇한 미소가 번졌다. 속으로 생각했다.

'그래, 이곳을 평생 잊지 못하게 해줄게. 기대해.'

두근거리는 마음을 애써 감추며 우리는 청보리밭 사이를 걸었다. 바람에 흔들리는 청보리들이 손끝에 닿으며, 나를 응원하는 듯한 느낌이 들었다. 바람과 햇살도 오늘따라 더 따스하게 느껴졌다. '어디가 좋을까? 잘할 수 있을까? 그가 좋아하겠지?' 걱정이 스쳤지만, 그보다 기대감이 더 컸다. 드디어 마음에 드는 장소를 발견했다.

"우리 여기서 사진 찍자!"

나는 자연스럽게 삼각대를 세우고 카메라를 연결했다. 그에게 구도를 맞춘다며 서 있으라고 했고, 그는 아무 의심도 없이 웃으며 서 있었다. 나는 가방에서 준비해둔 작은 블루투스 스피커에 노래를 재생시켰다. 그는 그저 배경음악이라고 생각했는지, 눈을 감고 리듬을 타고 있었다. 이때다 싶어 가방에서 스케치북을 꺼냈다.

"있잖아, 사실 내가 준비한 게 있어. 한번 봐줄래?"

그는 눈을 번쩍 뜨며 나를 바라보았다. 스케치북을 들고 서 있는 나를 보고 깜짝 놀라 눈이 동그래졌고 벌어지는 입을 양손으로 막았다. 나는 떨리는 손으로 노래 가사에 맞춰 스케치북을 천천히 넘겼다. 노래 1절이 끝나고 마지막 페이지를 열었다.

"나랑 결혼할래?"

그는 눈물을 글썽이며 팔을 활짝 펼쳤다. 나는 그의 품으로 달려가 안겼다.

"생각도 못 했어. 내 대답은 당연히 예스야! 고마워, 프러포즈해줘서. 야호 우리 결혼해요!"

충남 예산 추사고택　　　　　　　　　　　수선화

매년 4월이 되면 예산 추사고택은 노란 수선화로 물든다. 앞마당과 뒷마당에 흐드러지게 핀 수선화는, 오랜 세월을 거슬러 김정희의 숨결을 담아낸 듯 고택을 가득 채우고 있었다. 이곳은 추사가 태어나고 자란 곳이자, 그가 관직 생활 중에도 조상의 묘를 돌보고 독서를 즐기며 고독을 달래던 공간이다. 1976년에 복원된 추사고택은 그의 흔적을 고스란히 간직한 채 시간이 멈춘 듯하다. 추사관에 들어서면 복원되기 전의 고택 모습, 그리고 그의 삶과 서예 작품들을 마주할 수 있다. 그리고 그 중심에는, 김정희가 그토록 사랑했던 수선화가 있다.

김정희가 수선화를 사랑하게 된 것은, 그의 유배 시절로 거슬러 올라간다. 55세에 제주도로 유배를 간 그는, 고립된 섬에서 낯선 땅의 외로움과 고통을 견뎌내야 했다. 척박한 땅에서 그가 만난 뜻밖의 친구는 다름 아닌 제주 들판에 피어있는 '수선화'였다. 그에게 수선화는 익숙하면서도 반가운 꽃이었다. 젊은 시절, 중국 유학 중에 보았던 그 귀한 꽃이 머

나먼 제주에서 다시 눈앞에 펼쳐져 있었으니 말이다. 그런데 놀랍게도,
제주 사람들은 이 아름다운 꽃을 그저 '잡초'로 취급하고 있었다. 제주에
서는 수선화가 '말마농'이라 불렸다. 마늘처럼 쓸모없는 식물이라는 뜻

이다. 김정희는 충격에 빠졌다. 자신이 바라보는 이 귀한 꽃이, 이곳에서는 밟히고 뽑히며 천덕꾸러기 취급을 받고 있었던 것이다. 그는 친구에게 편지를 쓰며 그 마음을 이렇게 전했다.

이곳의 마을마다 한 자쯤에 땅에도 수선화가 없는 곳이 없습니다. 산과 들, 밭둑 사이에 흰 구름이 깔린 듯, 흰 눈이 쌓인 듯 드넓게 퍼져 있습니다. 그런데 토착민들은 이것이 귀한 줄 모릅니다. 소와 말들이 뜯어먹고 짓밟아버립니다. 게다가 보리밭에 잡초처럼 많이 나기 때문에 농사짓는 사람들이 호미로 파내버리는데, 파내도 자꾸 돋아나기 때문에 수선화를 원수 보듯 합니다. 수선화가 제 자리를 얻지 못한 것이 이와 같습니다.

수선화는 어쩌면 김정희 자신의 모습과도 닮아 있었던 것은 아닐까. 아무도 그 가치를 알아주지 않지만, 꿋꿋이 존재하며 자신의 자리를 지키는 수선화처럼, 그도 외로운 유배 생활 속에서 홀로 자신을 증명해야 했다. 세상이 몰라주어도 꽃을 피우는 수선화는 그에게 큰 위로가 되었을 것이다.

추사고택에 피어있는 노란 꽃잎을 바라보니, 김정희가 느꼈을 외로움과 슬픔이 고스란히 전해지는 듯했다. 나에게도 꽃은 힘들고 외로울 때 위로를 건네주는 존재였다. 지친 마음을 다독이며 꽃들에게서 위안을 얻고, 자연의 품 안에서 상처를 치유받았던 기억이 있다. 말 한마디 없지만, 언제나 그 자리에 있는 것만으로도 충분했다. 눈앞에 피어난 수선화를 보며, 자연이 내게 건넨 위로의 순간을 떠올려보았다.

충남 서산 유기방가옥 　　　　　　　　 수선화

봄이면 수선화가 피어나는 서산 유기방 가옥. 이곳은 이름대로 '유기방' 씨가 사는 집이라는 의미이다. 그는 종손이 아님에도 불구하고 가족의 신뢰를 받아 이 가옥을 물려받았다고 한다. 오래된 집의 무거운 분위기를 바꿔보고자 앞마당부터 뒤뜰까지 수선화를 심기 시작한 것이, 어느새 2만 평에 이르게 되었다.

　이곳의 수선화 군락은 크게 세 구역으로 나뉜다. 가옥을 기준으로 오른쪽은 3월 말이면 해를 받아 가장 먼저 만개했고, 왼쪽 소나무 군락 지역은 4월 초에 만개했다. 마지막으로 당진 방면에 분포한 지역은 음지여서 4월 중순부터 말까지 수선화가 절정에 이르렀다. 덕분에 3월부터 4월까지 언제 방문해도 수선화의 아름다움을 감상할 수 있게 되었다. 그중에서도 가장 마음을 사로잡은 곳은 당진 방면 언덕 아래 펼쳐진 수선화 꽃밭이었다.

　며칠 전 친구와 함께 이곳을 찾았을 때, 수선화를 보고 남편이 떠올랐

다. 아직 그와 수선화를 본 적이 없었기에, 이 풍경을 그에게 꼭 보여주고 싶었다. 같은 장소를 며칠 만에 다시 찾는 일은 드문 일이었다. 그렇게 사흘 만에 남편과 함께 아침 일찍 유기방가옥에 도착했다.

솔숲으로 내려가는 길, 이른 아침 햇살을 받은 수선화가 싱그럽게 빛나고 있었다. 언덕 중간에 서 있으니 발아래부터 머리 위까지 온통 수선화로 가득했다. 별 모양을 닮은 수선화가 이곳에 수만 송이의 별로 쏟아진 것만 같았다. 언덕을 천천히 내려가며 그가 말했다.

"수선화가 이렇게 예쁜 꽃인 줄 몰랐어. 올해 최고의 여행이 될 것 같아."

울산 슬도   유채꽃

울산에서 나고 자란 나의 어린 시절 추억 속에는 항상 바다가 있었다. 엄마와 함께 슬도에 도착하자, 바다가 오랜 친구처럼 맞이해주었다. 하얀 무인 등대는 여전히 우뚝 서 있었고, 짭조름한 바다향이 코끝에 스며들었다. 날이 흐려 기온이 낮고, 바닷바람이 세차게 불어왔다. 엄마는 가방에서 꽃무늬 스카프를 꺼내 내 목에 감싸며 말했다.

"사람은 목이 항상 따뜻해야 해. 휑하게 드러내면 안 돼."

예전 같으면 잔소리로 들렸겠지만, 이제는 엄마의 따뜻한 사랑이 그저 고맙게 느껴진다. 우리는 울산 소리체험관을 지나 10여 분을 더 걸어 유채꽃밭에 도착했다. 바람에 넘실대는 노란 유채꽃들이 푸른 바다와 어우러져 춤을 추고 있었다. 이 풍경은 제주의 모습과 닮았지만, 바다 위에 떠 있는 거대한 선박들이 울산이라는 것을 알게 해주었다.

엄마를 유채꽃밭과 바닷길 사이에 세워두고, 나는 유채꽃밭 뒤편으로 가서 카메라를 들었다. 거리가 꽤 멀어져 엄마에게 전화를 걸었다. 엄마

는 익숙한 듯 전화를 받는다.

"엄마, 바다를 바라보면서 천천히 앞으로 걸어 가보자."

먼 거리에서 촬영할 때면 전화를 걸어 소통한다. 굳이 큰소리로 외칠 필요가 없다. 엄마는 나의 요청에 따라 바다를 바라보며 천천히 길을 따라 걷는다. 엄마가 나의 모델이 된 지도 어느덧 10년이 되어간다. 처음에는 사진 찍히는 것을 어색해하더니 이제는 익숙해진 것 같다. 취미로 사진을 찍기 시작하면서 엄마의 사진이 많지 않다는 것을 알게 되었다. 그후 매년 계절마다 엄마와 함께 여행하며 사진을 남기고 있다.

평소에는 표현이 서툰 편인데, 사진을 찍을 때면 '예쁘다'라는 말이 자연스럽게 나온다. 애정을 가지고 대상을 바라보게 되면, 그 시선이 사진에서도 담기는 것 같다. 뷰파인더 속 유채꽃 사이에서 웃고 있는 엄마의 모습이 보인다. 그 순간 바람이 불어와 머리가 헝클어졌다.

"엄마, 머리 자연스럽게 넘겨볼까? 좋아, 좋아. 지금 웃는 모습 너무 예쁘네."

경기 부천 원미산 진달래동산 진달래

봄이 되면 분홍빛으로 물드는 꽃동산. 이곳은 오래전부터 나의 위시리스트에 담아둔 장소였다. 사회적 거리두기로 2년 동안 출입이 금지되어 아쉬웠는데, 마침내 3년 만에 개방된다는 소식을 들었다.

"드디어 진달래 동산 개방했대! 우리 가보자."

"당연하지, 예전부터 가고 싶어 했잖아!"

부천 종합운동장역에서 가까운 진달래동산은 누구나 쉽게 오를 수 있는 야트막한 동산이다. 남편과 함께 입구에 들어서자마자 눈앞에 핑크빛 물결에 펼쳐졌다. 오랜 기다림 끝에 만난 진달래동산은 생각했던 것보다 훨씬 규모가 크고 풍성했다.

아래에서 올려다본 풍경도 장관이었지만, 이곳의 하이라이트는 새로 생긴 전망대였다. 좁고 긴 진달래꽃 사이 계단을 따라 올라가면, 왼쪽 끝에 전망대가 보인다. 그곳에 서서 내려다보면 핑크빛 꽃바다의 주인공이 된 듯하다.

출입이 통제된 기간 동안 부천시 공무원들이 부지런히 진달래를 더 심었다고 들었는데, 그 결과는 가히 놀라웠다. 7만 그루의 진달래가 군락을 이루고, 산 전체가 분홍빛으로 물들게 되었다. 누군가는 이를 '공무원의 광기'라며 농담했지만, 그 열정과 헌신 덕분에 이 풍경이 완성되었다는 생각에 감탄이 절로 나왔다.

'연은 순풍이 아니라 역풍에 가장 높이 난다'라는 윈스턴 처칠의 말처럼, 힘든 시기에 역경을 지혜롭게 극복해낸 이들의 노력이 우리에게 행복한 봄을 선물해주었다.

경남 김해 연지공원 　　　　　　　　　　　　　　튤립

"엄마! 이모 집 앞에 있는 연지공원에 지금 튤립이 예쁘게 피었대. 같이 가볼까?"

"튤립 예쁘겠네. 그럼 간 김에 이모도 같이 보자."

김해 연지공원은 소소하게 동네 사람들의 쉼터로 이용되는 작은 공원인데, 봄이 되면 튤립 덕분에 이제는 웬만한 축제 못지않게 유명해졌다.

이모는 김해에 온 김에 하룻밤 묵고 가라며 흔쾌히 우리를 맞이해주었다. 다음 날 아침 일찍 우리는 연지공원으로 향했다. 아침 햇살이 따뜻하게 내려앉은 공원엔 수천 송이 튤립이 피어있었다. 다채로운 색의 튤립이 어우러져 눈길이 닿는 곳마다 그림처럼 펼쳐졌다.

특히 놀이터 풍경에 마음을 빼앗겨버렸다. 천국이 있다면 이곳의 놀이터가 이런 풍경이 아닐까.

"엄마, 이모, 그네 한번 타보세요."

"그네를 다 타보네, 내가."

　두 사람은 그네를 타며 동심으로 돌아간 듯했다. 소녀처럼 활짝 웃는 두 분의 모습에서 오랜 사랑과 애틋함이 묻어났다. 그 순간, 엄마와 이모의 어린 시절의 모습이 겹쳐 보였다.

대구 경북대학교 벚꽃

"이번에는 제가 대구로 갈게요. 언니가 가장 좋아하는 벚꽃놀이 장소로 데려가 줘요."

매년 벚꽃놀이를 함께하는 꽃놀이 메이트인 복고풍언니. 올해는 언니가 사는 대구에서 벚꽃 놀이를 하기로 했다. 그녀가 선택한 장소는 경북대학교. 평소 자주 산책하고 그림의 소재를 찾는 장소라며 추천했다. 아침 8시에 우리는 경북대학교 정문에서 만났다. 봄날의 아침 햇살은 맑고 투명했고, 캠퍼스는 고요했다.

"내가 제일 좋아하는 벚나무 보여줄게. 이쪽으로 가자."

캠퍼스 곳곳에 벚나무가 많았는데, 그중에서도 그녀가 가장 좋아하는 나무는 무엇일까 궁금했다. 우리가 도착한 곳은 306동 건물 앞. 야트막한 언덕 위로 커다란 벚나무 두 그루가 나란히 서 있었다. 그 뒤로는 붉은 벽돌 건물이 자리 잡고 있어 벚꽃이 화사해 보였다.

"여기 벚나무 정말 크고 멋지네요! 그런데 여기 앞에 커다란 돌들은

뭐예요?"

"저건 고인돌이야. 대구에서 발굴된 고인돌을 복원해서 전시한 거래."

벚꽃과 고인돌의 조합은 처음 본 생경한 풍경이었다.

"저 언덕 위 벚꽃 프레임 속을 촬영하고 싶은데, 혹시 저기 아래에 서 있어줄 수 있어요?"

그녀는 내 말을 듣고 언덕으로 걸어 올라가 멀리서 손을 흔들었다. 벚꽃 프레임 속 언니가 들어가니, 내가 원하던 장면이 완성되었다.

"오늘 까만 원피스를 입으니깐 요정 같아 보여요."

"정말? 요정이라니 부끄럽잖아. 고마워, 선영아."

칭찬을 받으면 수줍어하는 언니의 모습이 귀여워 보여 꼭 표현을 해주

고 싶었다. 즐겁게 사진을 찍고 우리는 잔디밭에 나란히 앉았다. 벚꽃과
고인돌, 캠퍼스의 풍경을 멍하게 바라보았다. 얼마나 시간이 지났을까.
대학생들의 발길이 잦아지며 활력이 돋아났다. 경북대학교 캠퍼스의 생
기와 에너지가 내게도 채워지고 있었다.

경남 거창 용원정   벗꽃

벗꽃이 지기 시작했다. 올해의 벗꽃놀이도 끝이구나 아쉬워하고 있었
는데, 거창은 이제야 벗꽃이 만개했다는 소식이 들렸다. 산 깊은 곳에 위
치하고 있어, 다른 도시들보다 조금 더 늦게 벗꽃이 피는 것이다. 마지막
벗꽃의 설렘을 느끼기 위해 친구들과 함께 거창으로 모였다. 10살 채원
이도 함께했다.

"나는 커서 이모 삼촌들처럼 사진작가가 될 거예요."

7살 때부터 함께 여행을 다녔는데, 어느덧 3년째가 되었다. 이모 삼촌
들이 사진 찍는 모습을 보고 영향을 받은 걸까. 사진작가가 꿈이라고 말
하는 채원이를 보며, 좋은 영향을 주는 이모가 되어야겠다고 다짐하기도
했다.

우리가 향한 곳은 용원정. 이곳에는 커다란 돌다리가 있는데, 그 이름
이 '쌀다리'라고 한다. 조선시대, 한양으로 가는 길목에 위치했던 이곳은
다리가 없어서 사람들이 불편을 겪었는데, 해주 오씨 형제가 돌다리를

만들어 문제를 해결했다고 한다. 돌을 이곳까지 옮기는 데만 꼬박 3일이 걸렸고, 그 비용이 백미 천 섬이나 들었다고 하여 '쌀다리'라는 이름이 붙여졌다. 폭이 넓고 튼튼한 모습에 오랜 세월의 흔적이 깃들어 있었다.

"채원아, 저기 쌀다리 위로 올라가서 사진 찍어볼래?"

무서워하지 않을까 걱정했는데, 채원이는 씩씩하게 다리에 올라가더니 곧장 앉아 카메라를 손에 꼭 쥐었다. 쌀다리 위로는 벚나무 가지들이 길게 늘어져 있었고, 벚꽃 폭포가 쏟아져 내리는 것 같았다. 하얀 꽃잎들이 바람에 흩날리며, 다리 위를 수놓았다. 하늘에서 부드러운 벚꽃 비가 내려 채원이를 감싸 안는 듯했다. 벚꽃 폭포 아래에서 카메라를 들고 있는 모습을 사진에 담았다. 벚꽃처럼 활짝 피어날 채원이의 미래를 상상하며.

경북 김천 연화지   개나리 & 벚꽃

해가 지기 30분 전, 연화지를 찾았다. 연화지를 동그랗게 감싸고 있는 개나리와 벚꽃이 활짝 피어있었다. 벚꽃 길을 따라 걸으며 마음에 드는 사진 포인트 몇 군데를 미리 정해두었다. 일몰 시간이 되자 벚나무 아래의 조명이 일제히 켜졌다. 그 순간 사람들의 입에서 탄성이 터져 나왔다.

"와아아!"

조명이 비추자 벚꽃과 개나리가 빛을 머금고 더 환해졌다. 위로는 벚꽃이 터널을 이루고, 아래로는 개나리가 울타리처럼 펼쳐져 있었다. 연화지의 하이라이트는 물에 비친 반영이다. 벚꽃과 개나리는 잔잔한 물결 속에서 완벽한 대칭을 이루며 환상적인 장면을 만들어냈다. 그 모습은 노란 개나리 허리띠를 두르고, 순백의 벚꽃 드레스를 입고 봄의 무도회를 열고 있는 듯했다. 이 장면을 놓칠 수 없어 카메라를 들었다.

해가 지고 난 후부터 바빠진다. 30분여 동안 마법 같은 하늘이 펼쳐지기 때문이다. 이 시간을 '매직아워'라고 부른다. 태양이 물러간 하늘은

연분홍에서 보라색, 남색으로 서서히 물들어간다. 이 짧은 시간 동안에는 풍성한 색감과 함께 야경을 찍을 수 있다. 매직아워가 지나면 푸른빛으로 어둠이 깔리는 '블루아워'가 이어진다. 짙은 푸른빛의 하늘은 또 다른 매력을 준다. '제주도 푸른 밤'이라는 노래가 떠오를 만큼 깊고 고요한 아름다움이 깃든다. 삼각대가 있으면 빛이 부족한 밤에도 사진을 선명하게 찍을 수 있지만, 많은 인파가 몰리는 곳에서는 사용이 힘들기 때문에 이 시간대를 이용하는 것이 좋다.

밤이 깊어갈수록 벚꽃과 개나리를 비추는 조명은 낮보다 더 화려하고 아름다운 연화지의 밤을 완성해간다. 벚꽃과 개나리의 색은 조명과 어우러져 한층 더 빛나며, 꽃놀이를 즐기러 온 사람들의 얼굴에도 행복한 미소가 피어난다. 낮보다 아름다운 연화지의 밤이 깊어가고 있었다.

서울 응봉산   개나리

서울에 개나리로 노랗게 물드는 산이 있다. 한강 북단을 달리는 강변 북로와 동부간선도로가 만나는 지점에 있는 응봉산이다. 이 산은 해발 81m로 낮지만, 거대한 바윗덩어리로 이루어져 있어 듬직해 보인다. 응봉산에 올라 개나리를 가까이에서 볼 수도 있지만, 나는 개나리산 아래로 열차가 달리는 풍경을 보고 싶었다.

"저기서 기차 온다!"

개나리산 아래로 지나가는 기차는 봄의 출발을 알리는 신호처럼 활기차고 역동적이다. 운이 좋게 개나리와 함께 피어있는 분홍빛 진달래도 볼 수 있었다. 노란색과 분홍색을 보니 정말 완연한 봄이구나 실감이 났다. 응봉산이라는 이름은 '매봉우리'란 의미에서 왔다. 조선을 건국한 이성계는 왕이 되기 전부터 이곳에서 매사냥을 즐겼고, 조선을 건국한 후 이곳에 매를 기르는 관청인 '응방'을 두었다고 한다. 궁궐과 가깝고, 꿩, 산새, 토끼 등 매사냥하기 좋은 들짐승이 많아 매 사냥터로 제격이었고,

그 때문에 '응봉산' 또는 '매봉산'이라 불리게 된 것이다.

응봉산 주변 지역 개발로 인해 바위 봉우리의 한쪽이 절단되었고, 산을 동강 내고 나니 자꾸만 모래흙이 흘러내려 이를 막기 위한 대책이 필요했다. 이때 개나리가 해결사로 나섰다. 흙을 잡아채는 능력이 탁월하고 생명력이 강하기 때문이다. 산을 지탱하고 흙이 흘러내리지 않도록 제 몫을 다하는 개나리. 개나리가 없었다면, 이 산은 이미 무너져 내렸을지 모른다. 눈에 띄지 않게 묵묵히 제 역할을 다하는 강인한 생명력을 가진 꽃, 그것이 바로 개나리였다. 그렇게 심은 개나리 20만 그루가 응봉산에 자라고 있다. 이토록 작은 꽃잎들이 모여 거대한 산을 감싸고 지켜낸다는 것이 경이로워 보였다. 개나리를 그저 예쁜 꽃으로만 보았던 나에게 새로운 깨달음을 주었다.

충남 당진 합도초등학교   등나무꽃

"위이잉~ 부우우웅~"

당진 합도초등학교에 포도송이처럼 주렁주렁 늘어진 등나무꽃이 피었다. 그 아래에서는 벌들의 축제가 열리고 있었다. 꿀벌부터 커다란 호박벌까지, 진한 꽃향기에 홀린 듯 온 동네 벌들이 모여들었다. 벌을 무서워하는 남편은 날아다니는 벌들의 소리에 긴장한 표정을 지었다.

"나 지금 너무 무서워. 벌이 너무 많아서 쏘일 것만 같아."

"얘네는 꿀에 정신이 팔려서 우리한테는 관심도 없을 거야. 방해만 안 하면 괜찮을 거 같은데."

남편은 한참을 머뭇거리며 벌들을 관찰하다가, 마침내 긴장을 풀고 등나무꽃 아래 벤치에 앉았다. 등꽃 색에 맞추어 우리는 보랏빛 푸른빛의 셔츠를 입고 왔다. 바람에 흔들리는 등꽃 향기를 맡으며 벤치에 앉아 멍하니 하늘을 바라보았다. 그때 운동장에 있는 놀이터가 눈에 들어왔다.

"오랜만에 그네 타고 싶다."

남편이 나를 보며 말했다. 우리는 손을 잡고 운동장으로 뛰어갔다. 그네를 타고, 정글짐을 오르니 동심으로 돌아간 듯했다. 문득 학창 시절이 떠올랐다. 내가 다니던 초등학교에도 봄이 되면 보랏빛 등나무꽃이 학교 벤치를 덮고 있었다. 수업이 끝나면 친구들과 함께 꽃그늘 아래 앉아 재잘재잘 수다를 떨었다. 나는 기둥을 잡고 빙글빙글 돌기를 좋아했다. 벌이 가까이 다가오면 "꺄아악!" 소리를 지르며 호들갑을 떨었고, 친구들은 그 모습을 보고 깔깔거리며 웃곤 했다.

등나무는 왜 그렇게 학교에 많이 심겼을까? 그 이유는 생명력과 실용성 때문이라고 한다. 등나무는 강인한 생명력을 지닌 덩굴성 식물로, 짧은 시간 안에 풍성한 잎사귀로 시원한 그늘을 만들어 준다. 그래서 학교나 공원에서 아이들에게 자연스러운 그늘을 제공해주는 훌륭한 쉼터가 되어준다. 벌들에게는 달콤한 꿀을, 사람들에게는 시원한 그늘을 선사하는 등나무꽃. 시간이 멈춘 듯, 등나무꽃 아래에서 우리는 다시 어린 시절로 돌아간 것 같았다.

서울 서울숲 튤립

"지금 이 부지에 공원을 만들지 못한다면, 100년 뒤에는 이 크기의 정신병원이 필요할 것입니다."

프레더릭 로 옴스테드가 한 말이다. 그는 '뉴욕 맨해튼의 허파'라고 하는 센트럴 파크를 주도적으로 이끈 인물이다. 그의 말은 도시 속에 자연이 얼마나 중요한지, 공원이 인간에게 어떤 안식처가 되는지 생각하게 했다. 서울에도 '왼쪽 허파'라 불리는 소중한 공간이 있다. 바로 서울숲이다. 서울숲이 생기고 나서 서울의 온도가 4도가량 낮아졌다는 사실만으로도, 이곳이 얼마나 중요한 역할을 하는지 알 수 있다.

4월이 되자 겨울의 혹독한 추위를 견뎌낸 튤립 구근들이 봄의 따뜻한 햇살을 받아 피어났다. 공원 입구에서 바닥분수와 거울 연못을 지나면 수만 송이의 튤립 꽃밭이 펼쳐진다. 얇은 꽃대에 둥글고 통통한 꽃잎을 받친 모양이 튤립이 와인잔을 닮은 것 같다. 꽃잎 와인잔에 레드와인, 화

이트와인, 로제와인을 담은 듯 빨간색, 흰색, 핑크색의 튤립 꽃잎이 투명하게 빛이 났다.

어른들에게는 하루의 피로를 덜어내는 안식처가 되어주고, 아이들에게는 자연을 배우는 놀이터가 되어주는 서울숲. 우리는 이곳에서 자연과 함께 호흡하고, 그 속에서 우리의 삶을 되돌아보며 재충전한다. 오래도록 서울숲의 건강한 호흡을 곁에서 느끼고 싶다.

경북 경주 불국사   겹벚꽃

"지금 불국사에 겹벚꽃 예쁘게 피었다는데, 혹시 내일 시간 괜찮아요? 같이 갈래요?"

"이렇게 갑자기? 근데 우린 정말 만날 인연인가 봐. 나 마침 내일 일정 없는데. 좋아요, 가요!"

불국사 겹벚꽃 만개 소식을 듣고, 호이언니에게 연락했다. 즉흥적인 여행을 즐기는 우리는 전날 밤 꽃놀이 약속을 정했다. 봄이 되면 한두 그루의 겹벚꽃을 볼 수 있는 곳이 많지만, 군락으로 모인 겹벚꽃은 쉽게 보기 힘들다. 경주에 약 300여 그루의 우리나라 최대 겹벚꽃 공원이 있는데, 불국사로 올라가는 길에 위치한 불국공원이다. 꽃그늘 아래에서 봄 소풍을 즐기는 사람들이 많았다. 우리도 커다란 겹벚꽃 나무 아래에 빨간 체크 피크닉 매트를 펼치고 자리를 잡았다. 가방에서 그림 도구를 꺼내어 꽃그림을 그렸다.

"색을 참 잘 쓰네요. 감각이 타고났나 봐. 그림이 순수하고 따뜻해요."

예술 작가로 활동하는 그녀의 칭찬에 부끄럽지만 기분이 좋아졌다. 그림을 다 그리고 나서 하늘을 보며 누웠다. 파란 하늘에 터질 듯 만개한 겹벚꽃이 꽃구름처럼 떠 있었다. 문득 그녀와 밤늦도록 함께 여행 계획을 세우던 날이 떠올랐다.

지난해 유럽 여행을 가기로 한 언니가 나에게 도움을 요청했다. 나는 퇴근 후 그녀의 집에서 늦도록 여행 일정 계획을 도와주었다. 여행 이야기를 나눌수록 오히려 에너지가 충전되는 느낌을 받았다. 내가 경험한 여행이 도움이 된다는 사실이 기뻤다. 그런 나를 보며 그녀는 말했다.

"선영 씨는 여행 얘기를 하니 눈빛이 반짝거리네요. 여행도 좋아하고 사진도 잘 찍는데, 여행 작가 한번 해보는 게 어때요?"

"에이, 제가 무슨 여행 작가예요. 세상에 저보다 여행도 많이 하고 사진 잘 찍는 사람들이 얼마나 많은데요. 저는 그냥 직장 다니면서 소소하게 여행하는 걸로 만족해요."

돌이켜보면, 그 말이 내 마음속에 작은 씨앗을 심어준 것 같다. 나도 모르는 잠재력과 가능성을 먼저 발견해준 사람이었다. 덕분에 여행 플래너를 시작할 수 있는 용기를 낼 수 있었다. 그녀의 응원이 나를 변화시키는 힘이 되었듯, 나도 누군가에게 그런 힘을 주는 사람이 되고 싶다.

5월

May

내가 나에게 주는 최고의 선물은

언제나 여행이었다.

제주 가파도   청보리

내가 나에게 주는 최고의 선물은 언제나 여행이었다. 생일이 있는 5월
에는 더 자주 여행을 가는 것도 그 때문이다. 올해는 꼭 초록빛 물결이
일렁이는 섬 가파도를 가보고 싶었다.

"지금쯤 가면 청보리가 황금보리로 물들었을지도 몰라."

제주에 사는 지인이 말했다. 4월 말부터 5월 초까지는 청보리로 가득
한 들판이, 그 이후에는 황금빛으로 물드는 보리밭이 된다는 것이었다.
청보리와 황금보리, 이 두 가지를 함께 볼 수 있다니 더욱 특별한 여행이
될 것 같았다.

가파도는 위에서 내려다보면 바다를 헤엄치는 가오리(가파리) 모양을
하고 있다고 해서 붙여진 이름이다. 가파도는 운진항에서 뱃길로 20분
남짓한 멀지 않은 거리에 있다. 배에서 내리니 바람이 격하게 맞이해준
다. 면적이 크지 않은 섬이라 걸어서 2시간 정도면 충분히 걸을 수 있지
만, 바람을 느끼며 신나게 달려보고 싶었다. 가파도에서 자전거를 타고

달리는 것이 나의 로망 중 하나였다. 선착장 앞 자전거 대여소에서 5천 원에 자전거를 빌렸다. 마을 가운데로 곧게 길이 나 있었다. 길 양옆으로는 소담한 돌담이 쌓여 있었다. 지인의 말대로 청보리는 점점 황금보리로 물들어가고 있었다. 바람이 불자 보리가 하늘하늘 흔들리며 나에게 잘 왔다고 인사를 하는 것 같았다. 바람을 맞으며 걷다 보니 노래 하나가 떠올랐다.

'바람이 불어오는 곳, 그곳으로 가네~ 그대의 머릿결까지 나무 아래로.'

김광석의 '바람이 불어오는 곳'이다. 바람이 많이 불어올 때면 이 노래가 자주 떠오른다. 길을 따라 걷다 고개를 돌려보니, 저 멀리 산방산과 한라산이 보인다. 제주섬을 건너 가파도에 왔다는 실감이 났다. 마을 사이를 걷다 보니 어느새 해안도로에 도착했다. 자전거에 올라 천천히 페달을 밟아본다. 점점 속도가 빨라지며 달리니 해안 도로 바로 옆엔 바다가 펼쳐진다. 섬에서 자전거를 타는 게 이런 기분이구나. 분명 도로를 달리는데, 바다 위를 달리는 착각마저 들었다. 행복함에 웃음이 계속 새어나왔다. 봄바람에 머리카락도 흥겹게 날린다. 콧노래가 계속 흘러나온다. 가파도 여행은 최고의 생일 선물이 되었다.

울산 태화강 국가정원   양귀비

　붉은 양귀비꽃이 흐드러지게 핀 태화강 공원. 그 풍경은 꿈결 속에 있
는 듯 아름다웠다. 이 황홀한 장면을 혼자 보기 아쉬워 친구들을 초대해
사진을 찍어 주었다. 나의 인스타그램은 양귀비꽃 사진으로 가득 채워졌
다. 어느 날 한 통의 메시지가 왔다.

　'요즘 올리는 양귀비 사진들 너무 잘 보고 있어요. 혹시 선영님께 스냅
사진을 찍을 수 있을까요?'

　'저는 전문 사진작가가 아니에요. 그저 취미로 친구들 사진을 찍는 것
뿐이랍니다. 울산에 다른 스냅 작가님도 있을 거예요. 죄송합니다.'

　'그냥 선영님의 사진이 좋아서요. 양귀비가 보고 싶어 딸이랑 울산 여
행을 가는데, 그곳에서 우리 딸 사진을 예쁘게 남겨주고 싶어서요. 평소
친구들 사진처럼만 담아줘도 좋을 것 같아요. 부탁드려요.'

　대전에 살고 있는 어느 어머니의 메시지였다. 평소 가까운 지인들만
찍어봤는데, 낯선 사람 사진을 잘 찍어 줄 수 있을까 고민됐다. 나의 사

진을 좋아한다는 어머니의 말에 용기 내보기로 했다. 촬영 날을 정하고 사전 미팅을 위해 전날 밤 태화강 공원에서 만났다. 함께 천천히 산책하며 대화를 나누었다.

"오래전부터 여행하는 사진을 보고 선영님을 좋아했는데, 이렇게 함께 있으니 신기해요."

그저 내가 좋아서 사진을 찍었을 뿐인데, 그 사진을 보며 나까지 좋아했다는 말에 쑥스럽기도 하고 감사했다. 딸의 사진만 찍어달라고 했지만, 선물로 어머니와 함께 모녀 스냅도 찍어 주었다. 이렇게 태화강 공원에서 스냅 사진작가로 첫 시작을 하게 되었다.

스냅 촬영을 시작한 지 얼마 지나지 않아 태화강 공원은 대한민국 제2호 국가정원으로 지정되었다. 내가 사랑하는 공원이 국가에서 인정받은 국가정원이 되다니 자랑스러웠다. 하지만 과거의 태화강은 지금과는 너무나 달랐다. 공장 폐수로 오염되어 '죽음의 강'이라 불리던 곳이었다.

버려진 땅처럼 황량했던 공원이었지만, 울산은 과감하게 오염된 공업도시 이미지를 벗어던지고 생태도시로의 변화를 선언했다. 시민들도 이 프로젝트에 온 마음을 다해 동참했다. 작은 손길 하나하나가 모여 강을 살리기 위한 대대적인 노력이 시작됐다. 그렇게 죽어가던 태화강이 기적처럼 살아났다. 살아난 태화강은 울산 시민들의 자부심이 되었다.

울창한 대나무 숲길이 조성되었고, 그 길이는 십리나 되어 '십리대숲'이라는 이름이 붙었다. 기분 좋은 날에는 공원을 걸으며 콧노래를 흥얼거렸고, 힘든 날에는 십리대숲으로 들어가 마음의 위로를 받았다. 바람이 불 때마다 대나무 잎들이 부딪히며 내는 '싸아아~' 소리는 바다의 파도처럼 나의 근심과 걱정을 씻어주고 푸른 숨을 불어넣어 주는 듯했다. 마음의 안식처가 되어주고, 스냅 작가로서의 첫걸음을 뗄 기회를 만들어준 태화강 국가정원은 나의 보물 장소 1호이다.

서울 광명햇살광장   양귀비

"안양천에도 양귀비 꽃밭이 있대! 지금 딱 예쁘게 피었어. 마.침. 여보 회사 근처더라??"

'마.침.'이라는 말에 나의 속내가 담겼다. 주말까지 기다릴 수 없으니 출근 전에 들렀다가 가자는 말이었다. 남편은 바로 눈치를 채고 답했다.

"우리 회사 주변에 이런 곳이 있다니. 그럼 이번 달엔 여기? 오케이 콜!"

우리가 결혼 생활을 하며 정한 규칙이 있다. 매달 2회는 함께 여행하기. 평일에 여행하면 그 주 주말은 휴식. 틈만 나면 여행하고 싶은 외향형 '밖순이'와 집을 사랑하는 내향형 '집돌이'. 우리 부부는 4년 동안 여러 시행착오를 겪고 조율하면서 서로가 만족하는 합의점을 찾았다.

이른 아침, 우리는 서둘러 집을 나섰다. 아무리 일찍 나와도 늘 우리보다 먼저 하루를 시작하는 사람들이 있었다. 세상엔 부지런하게 살아가는 사람들이 많다는 걸 느끼며 발걸음을 옮긴다. 저 멀리 언덕 위로 붉은 양

귀비 꽃밭이 펼쳐졌다. 그 모습이 클로드 모네의 '아르장퇴유 부근의 개양귀비꽃'을 그대로 옮겨놓은 듯했다.

나는 하얀 원피스에 빨간 카디건을 입었고, 남편은 나와 맞춘 하얀 셔츠와 베이지색 면바지를 입었다. 붉은 양귀비 꽃밭에 앉아있으니 빨간 카디건 덕분에 내가 양귀비 한송이가 된 듯한 기분이 들었다. 꽃잎이 부드럽게 손끝에 닿으니 나를 따뜻하게 맞아주는 느낌이 들었다.

그가 찍어 준 양귀비 꽃밭 사진은 오랫동안 나의 프로필 사진이 되었을 정도로 마음에 들었다. 양귀비 언덕에서 내려와 고개를 들어 언덕 위를 올려다보니 초록 잎 아치형 프레임이 보였다. 양귀비 꽃밭 위로 나뭇잎이 만들어낸 프레임 속 우리가 주인공이 되어 들어갔다.

시간이 지나자 해가 높게 떠오르며 빛이 강렬해졌다. 어느새 나의 볼은 빨갛게 익고, 그의 이마에서는 송골송골 땀이 흘러내렸다. 뜨거운 햇

살에 서둘러 꽃놀이를 마쳤다. 출근 시간까지 여유가 있어 출근길에 있는 카페로 달려갔다. 아이스커피를 벌컥벌컥 들이켜며 땀을 식혔다. 아침부터 더위에 지친 그를 보니 갑자기 미안해졌다. 그에게 손부채질을 해주며 말했다.

"아침부터 힘들었지? 오늘 이렇게 더울 줄 몰랐네. 나랑 사는 거 쉽지 않겠다. 고생 많았어."

"솔직히 피곤해서 잠을 더 자고 싶었는데, 그래도 일찍 나오니깐 더 활기차게 하루를 시작하고 아침 운동한 것 같아서 뿌듯해. 괜찮아. 대신 이번 주말에는 쉬는 거 알지?"

"당연하지!! 오늘 함께해줘서 고마워. 이제 출근하러 가자. 내가 데려다줄게."

전북 전주 완산칠봉 꽃동산　　　　철쭉

5월의 전주 여행에서 놓칠 수 없는 곳은 완산칠봉 꽃동산이다. 전주의 대명사로 불리는 산이 바로 완산칠봉인데, 이곳은 칠성사와 약수터를 품에 안고 있다. 완산칠봉 정상에 오르면 팔각정 전망대에서 발아래로 꽃이 펼쳐진다. 연한 분홍빛에서부터 진한 주황빛까지, 온갖 색으로 물든 꽃들이 한 폭의 수채화처럼 내려다보인다. 철쭉들 사이에서 화려하게 차려입은 할머니들. 저마다 스마트폰을 들고 구도를 바꿔가며 열정적으로 셔터를 누르며 사진을 찍고 있었다.

"아휴, 곱다. 예쁘다. 여기 서 봐. 내가 찍어 줄게."

스마트폰을 다루는 손길이 능숙해 보였다. 그 모습을 보니 문득 사진 수업에서 만난 70세 할머니가 떠올랐다. 할머니는 수업이 끝나고 나에게 다가와 찍은 사진들을 보여주었다.

"선생님, 내가 찍은 사진들 좀 봐줘요. 어때요?"

"정말 예쁘게 잘 찍으셨네요! 시선이 정말 좋으시네요."

할머니는 그 말을 듣고 어린아이처럼 눈빛을 반짝이며 활짝 웃었다.

"아유, 정말? 지난주에 배운 거 활용해서 사진을 찍으니깐 재밌더라고. 요즘에 매일 사진을 찍다 보니 세상이 더 아름다워 보여요. 고마워요, 나에게 이런 세상을 알려줘서. 아침에 눈 뜨는 게 신나."

그 말을 듣는 순간 뭉클해졌다. 사진을 찍으며 새로운 시선으로 세상을 바라보는 것은, 나이가 들어서도 변하지 않는 기쁨인 것을 알게 되었다. 요즘은 스마트폰 하나로도 충분히 아름다운 사진을 찍을 수 있는 시대가 되었다. 렌즈를 통해 바라본 세상은 때론 눈보다 더 넓고, 때론 더 가까이 다가온다. 꽃동산에서 서로의 모습과 꽃을 찍는 할머니들. 꽃만큼이나 빛나는 삶의 순간들이었다.

5월의 크리스마스

대전 들의공원 이팝나무

봄의 끝자락, 여름의 문턱을 열어주는 이팝나무가 공원을 온통 하얗게 물들인다. 눈부시게 하얀 꽃잎들이 나뭇가지마다 빼곡히 피어있는 모습은 눈 내린 크리스마스트리를 보는 듯하다. 그중에서도 이팝나무가 가득 모여 있는 들의공원은 꼭 한번 가보고 싶었던 장소다. 한 해가 지나도 계속 가고 싶은 곳들이 있지만, 이렇게 새롭게 찾아 떠나는 여정도 설렌다.

공원 입구에 들어서자마자 이팝나무들이 커다란 하얀 우산을 펼쳐놓은 듯 우리를 반겨주었다. 이팝나무는 멀리서 보면 사발에 소복이 얹힌 흰 쌀밥처럼 보인다고 해서 '이밥나무'라고 했다가 '이팝'으로 변했다는 유래가 있다. 과거엔 이팝나무로 풍년을 점치기도 했다. 꽃이 많이 피면 풍년, 꽃이 많이 피지 않으면 흉년. 공원 가득 이팝나무를 보니 마음에도 풍년이 든 듯 행복함이 느껴졌다.

나무들이 만들어낸 하얀 꽃길을 따라 천천히 걷다 보니, 공원 중심에는 탁 트인 드넓은 잔디밭이 펼쳐져 있었다. 그 너머로는 푸른 하늘을 배

경으로 도시의 높은 빌딩들이 서 있었다. 도심 한가운데 이런 고요함이 숨겨져 있다는 것이 신기했다. 잔디밭에 앉아 여유를 즐기는 사람들, 그 뒤로 늘어선 빌딩들까지 뉴욕의 센트럴 파크를 닮은 듯 느껴졌다. 남편에게 이곳과 비슷한 센트럴 파크 사진을 찾아 보여주려는 찰나였다. 어디선가 나를 부르는 소리가 들려왔다.

"선영아! 선영아!"

고개를 돌리니, 그곳에 은주언니가 서 있었다. 대전에서 스냅 작가로 활동하는 언니였다. 이렇게 뜻밖의 만남이라니.

"여기서 만날 줄이야, 정말 반가워! 대전에는 웬일이야?"

"저 이팝나무 보고 싶어서 왔죠. 여기 생각보다 더 좋은 것 같아요."

"여기 정말 예쁘지? 나도 좋아하는 곳이야. 내가 두 사람 사진 좀 찍어 줄까?"

언니의 제안에 우리는 망설임 없이 고개를 끄덕였다. 장소를 잘 아는 언니 덕분에, 이팝나무가 가장 예쁜 포인트에서 우리의 사진을 남길 수가 있었다. 이 모든 순간이 5월의 크리스마스 선물 같았다.

경남 함안 무진정 낙화

별빛처럼 빛나며 어두운 밤을 수놓는 낙화. 'K-불꽃놀이'로 불리는 낙화놀이를 보러 함안 무진정에 왔다. 올해는 사전 티켓팅으로만 관람이 가능했는데, 금손 미리언니의 티켓팅 덕분에 이 낙화놀이를 경험할 수 있게 되었다. 우편으로 받은 티켓을 가지고 무진정에 도착해 입장하고 자리를 잡았다. 행사가 시작될 때까지 시간이 남아 있었는데, 하얀 전통복 차림을 한 낙화놀이 보존회 회원들이 무진정 연못 위에서 낙화봉을 매다는 모습이 보였다. 두 사람씩 한 조를 이루어 낙화봉을 일일이 손으로 매다는 그 모습은 한 땀 한 땀 정성을 다해 바느질을 하는 것처럼 섬세했다. 떨어지는 불꽃만 떠올렸는데, 이토록 정성스럽게 낙화봉을 준비하는 과정이 있다는 것을 처음 알게 되었다. 이 세심한 작업 덕분에 함안 낙화놀이가 무형문화재로 선정될 수 있었겠구나 싶었다. 낙화는 준비 과정에서부터 이미 하나의 예술 작품이었다.

어둠이 깊어가고 마침내 낙화놀이 시간이 다가왔다. 횃불을 들고 뗏목

에 올라탄 회원들이 낙화봉에 하나하나 점화를 시작했다. 낙화봉이 불에 타며 떨어지는 불꽃이 여름밤의 반딧불처럼 공중에서 춤을 추는 것 같았다. 사회자의 구령에 맞춰 동시에 낙화봉을 내려치니, 수만 개의 불꽃이 일제히 쏟아지며 환하게 빛났다.

"와아!!"

군중 속에서 터져 나오는 감탄의 함성은 불꽃의 리듬과 함께 어우러져, 음악처럼 공간을 채웠다. '낙화'라는 이름처럼 불꽃은 땅으로 떨어지지만, 그 순간만큼은 꽃이 활짝 피어나는 것처럼 찬란하고 아름다웠다. 낙화놀이에는 오랜 겨울을 무사히 넘기고 맞이한 봄의 감사와, 다가오는 한 해의 풍요와 안녕을 기원하는 마음이 담겨 있었다. 짧지만 강렬한 빛의 향연은, 어두운 밤을 찬란하게 수놓고 사라졌지만, 기억 속에 영원히 남을 빛나는 순간이 되었다.

경남 합천 황매산

철쭉

"이 분홍색 꽃은 진달래인가? 철쭉인가?"

봄철, 분홍 꽃을 마주할 때마다 많은 사람이 혼동하곤 한다. 진달래와 철쭉을 구분하는 가장 쉬운 방법은 피어나는 시기다. 4월 초, 아직 잎이 돋지 않은 마른 가지에 꽃이 피어있다면 진달래이고, 5월에 잎사귀와 함께 분홍빛 꽃을 피우고 있다면 철쭉이다. 철쭉은 잎과 함께 활짝 피어나 산야를 물들이며 봄의 절정을 알린다.

철쭉과 더불어 5월은 은하수를 볼 수 있는 계절이기도 하다. 철쭉과 은하수를 함께 보기 위해 황매산을 찾았다. 황매산은 산 정상까지 차로 이동할 수 있어, 편하게 닿을 수 있다. 은하수를 보기 위해 밤에 달이 떠 있지 않은 날을 선택했다. 달빛이 밝은 날에는 은하수를 제대로 볼 수 없기 때문이다.

황매산에 도착한 새벽. 5월이지만 영하에 가까운 날씨여서 몹시 추웠다. 두꺼운 패딩을 준비해서 추위를 대비했다. 삼각대와 카메라를 챙겨

은하수를 보기 좋은 포인트를 찾아갔다. 은하수를 촬영할 때 카메라는 수동 모드가 필수다. 스마트폰이라면 별에 초점을 맞추고 셔터를 5초 이상으로 설정하면 되고, 수동 모드가 가능한 카메라라면 조리개를 최대한 열고 셔터시간을 5~15초로 설정하는 것이 좋다. ISO는 신중하게 조정해야 한다. 너무 높으면 노이즈가 생기기 때문에 마지막 선택지로 남겨둔다.

카메라가 사진을 찍는 동안 고개를 들어 별빛이 가득한 밤하늘을 바라본다. 별똥별이 떨어지며, 손을 모으고 소원을 빌어 본다. 밤하늘을 한참 동안 올려다보고 있으면, 시공간을 넘어 내가 우주여행을 하는 듯 착각이 들기도 한다.

새벽이 가까워지자, 별빛은 서서히 엷어지기 시작했다. 어둠이 조금씩 물러가며, 하늘은 점차 푸른빛으로 밝아진다. 동쪽 하늘에서 해가 떠오르며 황매산에 아침 햇살이 스며든다. 은하수가 수놓았던 밤하늘이 지나고, 눈앞에는 햇살을 머금은 철쭉 군락이 꿈결처럼 펼쳐졌다. 어둠을 지나 만나는 빛처럼, 황매산의 아침 풍경이 내 마음을 환하게 비추었다.

경남 거창 창포원 　　　　　　　　　꽃창포

나의 여행은 사진 한 장에서 시작되는 경우가 많다. 노란 꽃창포가 활짝 핀 연못가의 사진을 보게 되었고, 이곳이 경남 거창에 있는 창포원이라는 사실을 알게 되었다. 꽃놀이 메이트인 복고풍언니에게 사진을 보내며 물었다.

"거창에 창포원이라는 곳이 있는데, 여기 너무 예쁘지 않아요? 우리 가볼까요?"

"어머, 나 이런 곳 처음 들어봐. 꽃창포가 이렇게 많이 피어있는 건 또 처음 보네. 가보자."

거창의 창포원은 42만 평이라는 대규모의 수변 생태공원이다. 이곳은 합천댐을 조성하면서 수몰된 지역을 되살려 만든 곳으로, 황강의 하천 수질을 보호하고 지역 경제를 활성화하려는 취지에서 조성된 공원이다. 처음에는 노랗게 핀 꽃창포만 기대하고 갔는데, 창포원에 도착하자 기대를 뛰어넘는 풍경이 펼쳐졌다.

5월의 창포원에는 꽃창포뿐만 아니라 샤스타데이지, 작약, 장미 등 온갖 꽃들이 만개해 있었다. 봄꽃 종합선물 같았다.

"여기가 2027년 국가정원 등록을 목표로 하고 있다고 해요. 제가 애정하는 태화강 국가정원이 국가정원 2호잖아요. 그래서 과연 창포원이 그만한 자격이 될까 했는데, 왠지 선정될 것 같다는 생각이 들어요."

"정말? 그럼 진짜 국가정원이 될 수도 있겠다. 내가 가본 공원 중에 이렇게 많은 꽃이 모여 있는 곳은 처음이야. 정말 꽃 천국 같아."

창포원 곳곳에 흐르는 하천을 건너는 작은 다리들은 우리를 숨겨진 정원으로 이끄는 길 같았다. 길게 늘어진 능수버들이 바람에 살랑이고 있었다. 이 풍경이 창포원의 아름다움을 한층 더 극적으로 만들어 주었다.

여행이 끝나고 며칠 후, 언니는 창포원에서 본 꽃들을 한 송이 한 송이 정성스럽게 그린 그림을 내게 보내주었다. 꽃송이 하나하나에 정성과 애정이 느껴졌다. 같은 순간을 보내고 다른 방식으로 기록하는 우리의 여행은, 그 자체로 특별하고 소중하게 기억된다.

제주 오라동 메밀밭   유채꽃 & 청보리밭

제주 오라동 메밀밭에 유채꽃이 피어났다. 유채꽃밭에 서서 두 팔을 벌리니, 하늘을 움켜쥘 수 있을 것 같은 탁 트인 풍경이 눈앞에 펼쳐졌다. 뒤로는 장엄한 한라산이 든든히 자리 잡고 있고, 앞으론 제주 시내와 바다, 숲이 어우러진 광경이 눈부시게 아름다웠다. 유채꽃밭을 거닐며 사진을 찍고 있던 그때, 지나가던 사람이 말했다.

"밑으로 내려가면 청보리밭도 있어요. 얼마 전에 영화 촬영도 했던 곳이에요. 꼭 가보세요."

그 말은 비밀의 문을 여는 열쇠 같았다. 우리는 서둘러 유채꽃밭을 지나 내리막길을 따라 내려갔다. 그러자 그 아래에 드넓은 청보리밭이 펼쳐져 있었다.

우리는 카메라를 세우고, 청보리밭을 마음껏 뛰어다녔다. 얼마 전 촬영했다는 영화의 한 장면에 들어선 것만 같았다. 황금빛 보리밭을 가르며 달리는 우리는 거대한 자연의 스크린 위에서 그 순간만큼은 우리가

주인공이었다. 한라산이 저 멀리서 우뚝 서서 우리의 지켜보고, 바람소
리가 음악처럼 들려왔다. 그의 옆에 서서 같은 하늘과 바람을 느끼고 있
으니 마음이 가득 차오르는 것 같았다.

제주 중문고등어쌈밥 　　　　　　　　　　　　장미

　　"선영아, 제주 한 달 살기 잘하고 있어? 나 제주도에 짧게 여행 왔는데, 시간 되면 만날까?"

　　"언니 제주도 왔구나. 좋아 좋아. 나 시간 괜찮아. 어디 가지?"

　　"가보고 싶은 곳 있어서 찾아놨는데, 장미정원이야. 근데 여기 쌈밥집이래."

　　"쌈밥집에 장미정원이 있다고??"

　　제제언니에게 연락이 왔다. 나만큼이나 매달 꽃을 따라 아름다운 곳을 여행하는 언니이다. 그녀에게 고등어 쌈밥집에 장미정원이 있다는 이야기를 들었을 때, 잘못 본 줄 알았다. 쌈밥과 장미, 이 두 가지가 어떻게 어울릴 수 있을지 감이 오지 않았다. 입구에 도착한 순간 아름다운 장미가 우리를 반겨주었다.

　　쌈밥집 사장님의 사랑과 정성으로 가꾼 장미정원은 그 규모와 아름다움이 여느 장미정원과 비교해도 손색이 없었다. 정원의 주인공은 단연

핑크빛의 안젤라 장미였다. 안젤라 장미는 반겹꽃의 형태로 피어나는데, 화사하고 부드러운 꽃잎들이 풍성하게 펼쳐졌다. 장미 하나하나가 정성스러운 손길을 받은 것처럼 고급스럽고 생명력이 넘쳤다. 언니와 장미꽃을 배경으로 사진을 찍고 꽃향기에 취해 다니느라 시간 가는 줄 몰랐다. 장미가 가득한 풍경을 뒤로하고, 우리는 고등어 쌈밥을 맛보러 식당 안으로 들어갔다. 식당 안에서도 창밖으로 장미정원이 보였다. 한쪽에서는 화려한 장미들이 피어났고, 테이블 위에는 고등어 쌈밥 정식이 놓였다. 고등어의 깊고 고소한 풍미와 신선한 쌈채소들이 조화를 이루어, 입안 가득 풍미를 채워주었다. 창밖에 펼쳐진 장미정원이 한층 더 음식의 맛을 돋우는 것 같았다. 장미를 바라보며 먹는 쌈밥의 맛이 어우러진 식사는 새로운 경험이었다. 장미를 사랑하는 마음으로 만들어낸 특별한 공간에서, 눈과 입이 모두 행복한 시간이었다.

6월

June

빗방울이 잎사귀에, 나무에,

테이블에 떨어지는 소리가

하나의 연주처럼 들렸다.

제주 혼인지 　　　　　　　　　　　　　　　수국

현충일에 맞춰 연차를 내고 찾아온 혼인지. 이곳은 제주 삼성 신화에 등장하는 3신인과 3공주가 혼인했다는 전설이 있는 곳이다. 우리는 청보리밭에서 결혼을 약속하고, 계절마다 셀프로 웨딩사진을 남기기로 했다. 여름꽃 중에 제일 좋아하는 꽃이 수국이다. 혼인지에는 연하늘 빛 수국이 가득 피어나고, 전통 건축물과 함께 초록의 잔디밭이 조화를 이루고 있다. 의상을 고민하다가 그는 수국의 푸른빛과 잘 어울리는 짙은 푸른빛 정장을, 나는 배경과 조화로운 연분홍빛 한복을 선택했다.

혼인지에 도착했을 때, 마침 비가 한차례 내린 후였다. 땅은 촉촉하게 젖어 있었고, 하늘은 흐렸지만 수국은 빗방울을 머금은 채 싱싱하게 빛나고 있었다. 수국은 비를 맞고 나면 영양제를 흡수한 것처럼 더욱 싱그럽게 살아난다. 평소에는 맑은 날을 더 좋아하지만, 이날만큼은 이 비가 수국을 위한 선물처럼 느껴졌다.

혼인지 입구에 들어서면 작은 굴이 나타난다. 그 굴은 '신방굴'이라 불

리는데, 전설에 따르면 3신인과 3공주가 각각 혼례를 올린 신혼 방이 이곳이었다고 전해진다. 연못을 따라 걷다 보니 양옆으로 수국이 가득 피어있는 길이 나왔다. 레드카펫 대신 파란 카펫으로 둘러싸인 듯한 그 길을 걸으며 우리는 하늘색 수국의 환대를 받는 기분이 들었다. 함께 걸어가는 여정이 시작되는 듯한 설렘과, 앞으로의 시간을 축복해주는 듯한 하늘빛 수국이 잔잔하게 마음에 스며들었다. 혼인지는 나무 갑판으로 산책로가 잘 되어 있어, 비가 내린 날에도 걸어 다니기에 불편하지 않았다. 데크를 지나니 제주도 특유의 돌담길이 펼쳐졌다. 이곳에는 전통 혼례관이 있었다. 제주도의 전통 혼례관이 있는 이곳에서 실제로 전통 혼례가 진행되기도 한다고 한다. 신화 속 신들이 결혼한 이곳에서, 우리도 서로에게 약속을 새기고 이 순간을 사진에 담았다. 혼인한 신들의 기운을 받아 잘 살 수 있을 것 같은 예감이 들었다.

충남 예산 아그로랜드   수레국화

6월이 되면 아그로랜드에 푸른 꽃바다가 펼쳐진다. 푸른 꽃의 주인공은 '수레국화'이다. 햇살이 뜨거운 여름날 아그로랜드에 도착했다. 입구를 지나니 커다란 트랙터가 있었다. 트랙터를 셔틀처럼 사용할 수 있었다. 조금이라도 더위를 피하고 편하게 갈까 해서 남편에게 물었다.

"우리 트랙터 타고 갈까? 아님, 그냥 걸어 가볼까?"

"덥긴 하지만 풍경 감상하면서 천천히 걸어도 좋을 것 같아. 나무가 있는 그늘 아래로 가면 괜찮을 것 같은데."

그의 말을 듣고 앞을 보니 커다란 나무가 그늘을 만들어주고 있었다. 오솔길을 따라 10분을 걸어가자 푸른 수레국화 꽃밭이 펼쳐졌다. 뭉게구름과 진한 푸른빛의 풍경이 동화 속 같았다. 우리는 이 풍경을 배경으로 커플 사진을 찍기 위해 삼각대를 세웠다. 그런데 카메라 가방을 열어보다 소리쳤다.

"앗, 릴리즈 안 챙겨왔다."

셀프 촬영을 위해 필요한 카메라 리모컨을 두고 온 것이다. 가까이에서 찍는다면 블루투스 기능으로 충분하지만, 먼 거리에서 촬영하기에는 무리였다. 우리가 선택한 방법은 타이머를 맞추고, 남편이 셔터를 누른 뒤 전속력으로 달려오는 것이었다.

"자, 이제 누른다! 준비됐지?"

그가 셔터를 누르고 꽃밭 언덕을 전력 질주하며 뛰어 올라왔다. 그 모습이 귀엽기도 하고, 더운 날 땀을 흘리게 해서 미안한 마음도 들었다. 남편은 숨을 고르고 웃으며 말했다.

"이 과정도 다 우리 행복을 기록하려고 그런 거니깐 괜찮아."

사진을 확인해보니 그가 달려오는 순간도 함께 담겼다. 그 사진을 보고 웃음이 나왔다. 예전 같으면 완성도 높은 사진을 위해 여러 번 시도했겠지만, 이제는 우리가 함께한 순간을 자연스럽게 기록하는 것만으로도 충분히 만족할 수 있게 되었다. '행복'이라는 꽃말을 가진 수레국화 꽃길을 걸으며 일상의 소소한 행복을 느껴본다.

제주 숨도   수국

6월의 제주는 맑은 날보다 비 내리는 날이 많았다. 수국은 물을 좋아하니, 아마도 비 덕분에 제주에 그렇게 많이 피어나는 걸지도 모르겠다. 창가에 서서 빗소리를 듣다 문득 좋아하는 영화 「가을로」 속 한 장면이 떠올랐다.

"비 오는 날에는 자연의 소리를 들을 수 있어 좋아. 돌에 부딪히는 소리, 나무, 물, 빗소리… 자연이 어떤 소리를 내는지 알게 해줘."

집에서만 비를 감상할 게 아니라 좀 더 자세히 빗소리를 듣기 위해 집을 나섰다. 수국이 피어있는 숨도로 향했다. 비가 내리는 날 여행을 하면 평소에 인기가 많은 곳도 사람이 적어 좋다. 까만 레인부츠를 신고 우산을 쓰고 수국을 보기 위해 걸었다. 크고 동그란 하귤이 가득한 귤 터널을 지났다. 비가 너무 세차게 내려 먼저 숨도 카페로 들어갔다. 손님이 아무도 없었다. 이런 기회가 없겠다 싶어 우리는 각자 마음에 드는 자리에 앉았다. 고요한 카페에 앉아있으니 빗소리가 듣고 싶어 테라스로 나가보았다.

"톡톡, 탁탁, 퐁퐁."

빗방울이 잎사귀에, 나무에, 테이블에 떨어지는 소리가 하나의 연주처럼 들렸다. 드럼을 두드리는 듯한 낮은 소리, 실로폰처럼 맑게 튀는 소리, 내 장화 밑창이 땅을 두드리며 만들어내는 소리는 드럼 베이스처럼, 비와 함께 하나의 곡을 완성해가는 것 같았다.

비가 잦아들 무렵, 우리는 다시 수국을 보러 카페를 나섰다. 비에 젖은 수국들은 평소보다 더 싱싱하게, 깊은 생명의 색을 머금고 있었다. 빗방울이 수국의 꽃잎에 맺혀 있었다. 검지로 살짝 건드리자, 방울이 또르르 떨어졌다.

"수국처럼 나도 비를 맞아보고 싶다."

그 순간 엉뚱한 생각이 떠올랐다. 손에 들고 있는 우산이 조금 불편하기도 해서였다. 우산을 접어 내려두며 외쳤다.

"와아~ 시원하다!"

나의 모습에 그도 우산을 내려두며 웃었다.

"사람들이 없으니 신경 쓸 것도 없고, 이렇게 비를 맞는 것도 괜찮은데? 비 오는 날 여행도 좋네."

"그치! 나도 요즘엔 비 오는 날이 좋아."

제주 답다니 수국

제주에서는 수국을 도체비고장, 즉 도깨비꽃이라 부른다. 수국이 붉은
색에서 파란색으로, 또 그 사이의 오묘한 색으로 끊임없이 변하는 모습이
제주 도깨비의 변덕스러운 마음과 닮았다는 이유에서다. 수국은 토양에
따라 색이 변하는데, 산성이 강하면 붉은색이, 알칼리성이 강하면 푸른
색이 두드러진다. 같은 덩어리에서조차 각기 다른 색을 띠는 수국을 보
며 나도 모르게 웃음이 나왔다. 나의 변덕도 수국 못지않게 심하다는 것
을 알고 있기 때문이다.

도시의 복잡함이 답답하게 느껴져 나는 자연 속으로 들어가 살고 싶었
다. 시골로 이주하자는 생각을 했고, 남편에게 말했다. 하지만 그는 걱정
이 앞섰다.

"새로운 곳에서 무얼 해 먹고 살지?"

그의 걱정은 현실적이었다. 우리는 오랜 상의 끝에 짧게 먼저 살아보
기로 결정했다. 그렇게 시작하게 된 제주 한달살이. 내가 가장 좋아하는

수국을 보고 싶어 5~6월에 지내기로 했다. 한번 꼭 방문해보고 싶은 수국 명소는 답다니 수국밭이었다. 사장님이 정성으로 가꾼 작은 정원이 유명해지면서 규모가 점점 커졌다. 입장료에 1천 원을 추가하면 마음에 드는 수국 한 송이를 받을 수 있다.

"여기에서 마음에 드는 수국 골라봐요."

"와, 여기에서 바로 마음에 드는 수국을 고르는 거군요. 저는 이 보랏빛 수국이요."

"예쁜 꽃으로 골랐네요. 수국은 물을 좋아해서 건조하면 금방 말라버려요. 오래 보려면 줄기가 아니라 이 꽃잎 머리 전체를 물에 푹 담가야 해요. 그러면 일주일도 갈 거예요."

사장님의 말을 듣고, 매일 밤 대야에 물을 받아 수국을 담가두었다. 처음에는 보랏빛이었던 수국이 시간이 지나면서 하늘색으로 변해갔다. 그 변화는 내 마음이 시간에 따라 이리저리 흔들리는 것과도 닮아 있었다. 결국 며칠 뒤, 수국은 시들어갔다.

제주에서 한 달의 시간이 지났다. 여유롭고 한가로운 자연 속에서 지내면 행복할 것 같았지만, 막상 살아보니 왠지 마음이 불안하고 일하고 싶어 몸이 근질거렸다. 고민하다가 지금은 도시에 살며 열심히 일하고, 자연은 몸과 마음의 안식처로 남겨두고 자주 여행을 다니기로 했다. 언젠가 내 마음이 또 변할지 모르겠지만, 지금은 그리움 속에 자연을 간직하는 것이 나에게 더 어울린다는 것을 알게 되었다. 나의 변덕이 결코 나쁜 것만은 아닐 것이다. 변화하는 수국의 모습 속에서도 아름다움을 발견할 수 있듯이, 나 역시 매 순간 변화 속에서 나만의 길을 찾아가고 있으니까.

자연이 만들어낸 수국 무릉도원

제주 송악산   수국

여명이 아직 밝아오지 않은 새벽 시간, 송악산은 해무 속에 잠겨 있었다. 해안 절벽에 부딪히는 파도 소리가 저 멀리서 들려왔다. 이곳에 오기까지 3박 4일 동안 친구들과 '수국 원정대'라는 명분으로 제주를 누비며 수국이 피어난 곳들을 찾아다녔다.

송악산 주차장에 도착하자, 형제섬이 바다 건너 반겨주었다. 형과 아우가 사이좋게 바다를 지키고 있는 듯한 모습에 붙여진 이름이라 했다. 그 섬을 뒤로하고, 우리는 송악산 둘레길을 따라 천천히 걸었다. 송악산 입구에서 수국이 피어있는 분화구까지는 30여 분 정도 걸어야 했다. 오

르막길을 오르는 동안, 우리는 일본군이 만든 진지동굴을 지나쳤다. 이곳에도 제주가 겪었던 아픈 역사의 흔적이 남아 있었다. 제주의 바람과 탁 트인 바다가 무거움을 덜어주었다.

송악산 정상에 가까워질수록 풍경은 더욱 드라마틱해졌다. 가파도가 눈앞에 보이고, 멀리 아침 해무 속에 가려진 마라도는 살짝 모습을 감추고 있었다. 마침내, 계단을 오르니 수국정원이 나타났다. 드넓게 펼쳐진 수국밭이 안개 사이로 드러났다. 송악산 정상에서부터 분화구를 따라 흘러내린 듯한 수국의 물결. 파스텔 톤의 수국들이 바람에 살랑거리며, 무릉도원을 연상케 하는 장관을 이루고 있었다. 수국을 찾아 떠난 수국 원정대의 최고 보물은 이곳 송악산에 있었다.

경남 거제 연화도   수국

바다에서 피는 연꽃이 있다. 거제도에 있는 섬 연화도이다. 연화도라
는 이름이 북쪽 바다에서 바라보는 섬의 모습은 꽃잎이 하나하나 겹겹
이 봉오리 진 연꽃을 떠올리게 해서 붙여진 이름이다.

드라마 「연애의 발견」에서 태하와 여름의 연애가 시작된 배경인 연화
도. 수국이 아름답기로 유명한 섬이다. 대학 동창인 친구에게 결혼 선물
로 웨딩사진을 선물해주고 싶었다. 내가 친구에게 줄 수 있는 가장 정성
스러운 선물은 사진이므로, 작년 친구들과 연화도에 다녀온 사진을 보고
가보고 싶다고 말했던 게 떠올랐다.

"우리 연화도에 갈까? 지금 수국이 예쁘게 폈어. 너 예전에 여기 가고
싶어 했잖아. 여기에서 웨딩사진 남기는 거 어때?"

"정말? 진짜 가보고 싶었는데, 거기에서 웨딩사진 남기면 정말 특별할
것 같아. 고마워!"

나와 친구, 예비 신랑까지 새벽 일찍 통영 여객선 터미널로 향했다. 6시

30분 첫배에 몸을 싣고 약 40분의 뱃길을 따라 연화도에 도착했다. 입구에서부터 피어있는 수국들이 우리를 맞아주었다. 친구는 하얀 원피스로 갈아입고, 예비 신랑은 흰 셔츠에 나비넥타이를 맸다. 신랑 신부의 모습을 한 그들은 그림처럼 잘 어울렸다. 대학 시절부터 함께 했던 친구가 결혼을 앞두고 있다는 사실이 새삼 실감 났다. 웨딩 촬영 준비를 위해 친구의 긴 머리를 땋아주다, 결혼 후에는 자주 보지 못할까 봐 살짝 아쉬운 마음도 들었다. 그런 내 마음도 모른 채 친구는 그 어느 때보다 환하게 웃으며 행복해 보였다.

연화사부터 보덕암까지 이어지는 수국길을 따라 두 사람은 손을 마주 잡고 걸어갔다. 푸른 수국이 양옆으로 펼쳐진 그 길 위에서, 두 사람의 앞날에 아름다운 꽃길이 펼쳐지는 듯한 장면이었다. 이 모습을 흐뭇하게 바라보며 카메라 셔터를 눌렀다. 수국길을 걷던 중, 지나가는 여행객들이 발걸음을 멈추고 축하 인사를 건넸다.

"아이고, 결혼하나 봐요. 축하해요! 여기서 웨딩사진을 찍으니까 정말 특별하네요. 행복하세요!"

애정이 담긴 덕담 속에 따스한 정이 느껴졌다. 여행객들이 멀어지고 나니 다시 연화도는 고요해졌다. 수국길에 울려 퍼지는 새소리와 두 사람의 행복한 웃음소리가 고요한 섬을 채웠다. 사진을 찍으면서 가장 행복한 순간은, 사랑하는 사람의 빛나는 시간을 기록해 줄 수 있을 때이다. 연화도의 수국길에서 남긴 이 웨딩사진이, 두 사람의 삶에도 오랫동안 빛나는 추억으로 남기를.

스님의 염불 소리를 듣고 피는 꽃

부산 태종사   수국

스님의 염불 소리를 듣고 피는 꽃이 있다. 부산 영도 태종사에 있는 수국이다. 여름엔 태종사 스님들이 정성으로 가꾼 수국을 보기 위해 전국에서 모여든다. 수국은 짧게는 일주일, 길게는 2~3주까지 볼 수가 있다. 태종사가 있는 영도는 지형상 해무가 잘 생기는 섬인데, 그만큼 습도가 높아서 다른 곳들보다 더 오랫동안 화사한 수국을 볼 수 있다. 핑크빛부터 연하늘색까지 파스텔의 부드러운 색이 핀다. 꽃을 피우기 위해 식물이 일하는 기간은 1년 중 3~4개월 정도 된다. 수국은 6~7월에 꽃을 피우고, 겨울에는 월동하며 다음 해에 필 꽃눈을 만들기 위해 생장점을 만든다. 일 년에 3~4개월 정도만 일하고 휴식을 하니 식물은 시간 관리를 효율적으로 잘하는 편이다.

대학교를 졸업하고 바로 취업하며 정해둔 규칙에 따라 생활하는 것이 익숙했다. 직장을 벗어나 프리랜서가 되면 자유롭고 편하게 살 줄 알았다. 내가 원할 때 일을 하고, 쉬고 싶을 때 쉬는 삶. 하지만 프리랜서의 삶은 생각처럼 호락호락하지 않았다. 첫해에는 직장을 벗어났다는 해방감에 먼저 놀고, 남는 시간에 일했다. 이것이 프리랜서의 장점이라고 생각했다. 새벽 늦도록 작업하는 날들이 길어졌다. 낮과 밤이 바뀌게 되니 건강도 나빠지는 게 느껴졌다. 무언가가 분명 잘못되어가고 있었다.

직장인일 때는 출근 전, 퇴근 후 시간을 내어 확실하게 쉬고 주말은 완전한 자유시간이 보장되었다. 프리랜서는 정해진 출퇴근 시간이 없다는 장점이 있지만, 그것은 또 단점이기도 했다. 언제 어디서든, 일을 할 수 있다는 장점이 있지만, 그것은 결국 언제 어디서나 일을 해야만 한다는 부담감으로 다가왔다. 아무도 나에게 일을 하라고 시키지 않지만, 사회에서 살아남으려면 치열해질 수밖에 없었다. 주변에 조언을 구하고, 책을

읽으며 시간 관리에 대해 공부했다. 출퇴근 시간이 없더라도 스스로 루틴을 정하지 않으면 일의 노예가 되기 쉬운 직업이다. 직업 특성상 주말에 촬영이 많으니, 주말은 일하는 날, 화·수요일은 쉬는 날로 정했다. 최대 주 5일 일하고 주 2일은 쉬는 일정을 만들려고 노력했다. 업무시간도 정했다. 아무리 바쁘더라도 자정은 넘겨서 일하지 않도록 정했다. 2년 차가 되니 나만의 패턴을 찾게 되었다. 규칙을 정하고 나니 시간 관리가 되면서 일의 능률이 더 높아질 수 있었다.

태종사에서 수국에 물을 주는 스님의 모습이 눈이 들어왔다. 수국이 제때 꽃을 피우고 싶어도 땅이 너무 건조하면 뿌리가 말랐을 테고, 꽃눈을 만들기 위해 월동을 하려 해도 너무 추운 겨울이면 얼었을 텐데. 태종사에서 이토록 아름다운 꽃을 피울 수 있었던 건 습도가 높은 환경과, 겨울에도 따스한 기온, 매일 아침 스님의 정성스러운 관리 덕분일 것이다. 아름다운 꽃을 피우고 결실을 맺기 위해서는 나에게 맞는 시간 관리와 환경을 조성하는 것. 그것의 중요함을 꽃에게서 배웠다.

에메랄드빛 절경을 가진 호수

강원 동해 무릉별유천지　　　　　　　　라벤더

'한국의 스위스'라 불리는 곳이 있다. 아름다운 라벤더밭과 에메랄드 빛 호수가 빛나는 무릉별유천지이다. 동해에 위치한 이곳은 무릉계곡 암 각문에 새겨진 글귀에서 유래했는데, 그 뜻은 '하늘 아래 최고로 경치가 좋은 곳, 속세와 떨어져 있는 유토피아'다. 글자 그대로의 의미처럼 이곳 은 다른 세계에 와 있는 듯한 신비로운 아름다움을 품고 있다.

동해역에 도착해 택시로 20분 정도를 달려 도착한 무릉별유천지. 이 곳은 거대한 석회석 절개면과 그사이에 형성된 에메랄드빛 호수, 청옥호 로 유명하다. 우리나라는 대부분 지역이 화강암으로 이루어져 있어 에메 랄드빛 호수를 보기 힘든데, 무릉별유천지는 예외였다. 이 에메랄드빛은 금곡계곡에서 흘러드는 물줄기와 석회질 성분이 만나면서 자연적으로 만들어진 절경이었다. 그 뒤로 깎아지른 듯한 아찔한 절벽들이 호수를 감싸 안고 있었다.

그 호수 앞으로는 드넓은 보랏빛 라벤더밭이 펼쳐진다. 이곳에 서 있 는 것만으로도 은은하게 퍼져 나오는 라벤더 향기에 마음이 저절로 평 온해지는 기분이었다. 라벤더는 여러 종이 있는데, 이곳에는 잉글리시 라벤더가 주로 피어있었다. 쨍하고 진한 보랏빛으로, 키는 약 50cm 정 도 자란다. 그 대칭형 모양의 줄기마다 보랏빛 꽃송이가 촘촘히 피어나 있었고, 그 향기에 이끌려 벌들도 바쁘게 날아다니고 있었다. 잉글리시 라벤더는 프랑스 남부의 발랑솔에서도 유명한 품종이다. 발랑솔에서 끝 없이 펼쳐진 라벤더밭을 언젠가 꼭 보고 싶다고 생각했는데, 무릉별유천 지에서 피어난 이 라벤더를 보니 더 이상 멀리 갈 필요가 없다고 느껴졌 다. 하늘 아래 최고 경치가 좋은 곳에서 유토피아를 경험하고 싶다면 무 릉별유천지를 꼭 방문해야 할 것이다.

강원 평창 육백마지기 　　　　　　　　샤스타데이지

청옥산에 펼쳐진 꽃 천국, 육백마지기는 자연의 신비와 아름다움을 눈앞에서 직접 마주할 수 있는 곳이다. 때로는 우리가 기대하는 만큼 꽃이 활짝 피지 않을 때도 있다. 날씨와 계절의 변화, 자연이 주는 변수에서는 그저 기다릴 수밖에 없다. 2년 전 내가 이곳을 찾았을 때, 냉해와 폭우로 인해 꽃들이 모두 얼어버렸고, 풍경조차 제대로 즐길 수 없었다. 그러나 올해는 달랐다. 평창군에서 수년간의 아쉬움을 달래려는 듯, 이번에는 꽃을 제대로 가꾸고 관리하겠다는 소식이 들려왔다. 그 기대감에 설레는 마음으로 다시 청옥산으로 향했다.

구불구불한 산길을 따라 올라가다 정상에 가까워지자 커다란 풍력발전기가 보였다. 해발 1,000미터에서 펼쳐지는 육백마지기의 풍경은 그 자체로 감동이었다. 육백마지기라는 이름은 볍씨 육백 말을 뿌릴 수 있을 정도로 넓은 들판이라는 의미인데, 축구장 여섯 개를 합쳐 놓은 넓이의 이 초원은 하늘과 맞닿은 듯 탁 트여 있었다.

천국에서 내려온 꽃처럼, 바람에 춤추는 데이지는 그 자체로 경이로움이었다. 샤스타데이지는 마가렛, 구절초와 비슷하게 생겨 혼동하기 쉬운 꽃이지만, 그 생김새와 피는 시기, 그리고 특유의 냄새 덕분에 쉽게 구분할 수 있다. 샤스타데이지가 주는 정겨운 시골 냄새는 이곳에서만 느낄 수 있는 특별한 향기였다. 바람이 불어오면 꽃 사이로 스며드는 이 향이, 오히려 자연의 따뜻한 손길처럼 느껴졌다.

멀리 성 모양의 조형물이 눈에 들어왔다. 그곳으로 이어진 계단은 천국으로 향하는 길처럼 보였다. 하늘에 닿을 듯한 계단에 서서 아래로 펼쳐진 풍경을 바라보았다. 하얀 구름이 푸른 하늘을 떠다니고, 바람에 흔들리는 꽃들이 생명을 노래하는 듯했다. 모든 것이 선물 같았다. 태양이 내리쬐는 뜨거운 여름날에도, 꽃을 피워준 땅과 자연의 경이로움에 감사하지 않을 수 없었다.

7월

─◦◦◦─

July

하나하나 퍼즐 조각이 맞춰지듯
내 사진 세계가 넓어지고 깊어졌다.
배롱나무가 오랜 세월을 견디며 피어나듯.

꽃그림 꽃놀이

대구 남평문씨본리세거지 　　　　　　　능소화

　　남평문씨본리세거지의 입구에 들어서자마자 커다란 문익점 동상이 우리를 맞이했다. 그 뒤로 넓게 펼쳐진 목화밭이 눈에 들어왔다. 문씨인 엄마가 어쩌면 문익점과 먼 친척일지도 모른다는 생각에 미소가 지어졌다. 문익점이 고려 말 원나라에 갔다가 붓두껍에 목화씨를 숨겨 들여온 이야기는 어릴 적부터 익히 알고 있었다. 그의 공로 덕분에 추운 겨울, 백성들이 따뜻하게 지낼 수 있었고, 목화는 나라의 부를 늘리는 데에도 큰 역할을 했다는 사실도 새삼 떠올랐다. 목화는 단순히 옷감으로만 쓰인 것이 아니라, 물품 화폐의 역할을 하며 세금 납부 수단으로까지 사용되었다고 한다.

　　이곳에 방문한 이유는 능소화를 보기 위해서였다. 오랜 세월이 묻어 있는 흙담과 능소화가 어우러져, 고즈넉하면서도 정겨운 분위기를 자아내는 곳이었다. 활짝 핀 능소화를 기대했지만, 전날 폭우로 다 떨어진 상태였다.

"어제 비가 많이 오더니, 능소화가 거의 다 떨어졌네요. 아쉽다."

"그러게. 그래도 이 꽃송이들, 다음 주면 또 필 것 같아."

능소화가 활짝 피지 않아 아쉬운 마음이 들었다. 그때 복고풍언니가 가방에서 그림을 꺼내 보였다.

"나 사실 능소화 그림 그려 왔는데, 여기에서 같이 찍어볼까?"

그녀가 꺼낸 그림 속에는 탐스러운 능소화가 피어있었다. 그림을 보니, 지금 눈앞에 활짝 피어있는 것처럼 능소화가 생생하게 다가왔다. 꽃이 몇 송이 남아 있지 않다는 아쉬움도 어느새 사라졌다.

"그림 속에 능소화가 있으니 이곳에도 만발한 것 같이 느껴져요."

그림과 함께 우리는 만개한 능소화를 상상하며 꽃놀이를 즐겨보았다.

경남 김해 수로왕릉   능소화

"눈부시게 빛나는 세 번째 스무 살, 환갑을 축하합니다."

양가 어머니의 환갑을 맞이해서 특별한 자리를 마련했다. 깜짝 파티를 준비하며 현수막을 주문하던 중, '세 번째 스무 살'이라는 문구가 눈에 들어왔다. 얼마나 예쁜 말인가. 인생을 스무 살의 청춘처럼 다시 한 번 맞이하는 기쁨을 축하하는 것 같았다. 나도 몇 년 후면 두 번째 스무 살을 맞이한다고 생각하니 왠지 설렘이 느껴졌다. 더욱이 양가 부모님이 같은 연세라, 앞으로 다가올 중요한 순간들을 함께 나눌 수 있다는 것이 기쁨이 되었다. 결혼식 이후 2년 만에 온 가족이 함께하는 자리였다. 김해한옥체험관 안에 있는 한정식집을 예약하고, 가족들만의 조촐한 잔치를 열었다.

식사를 마친 후, 소화도 시킬 겸해서 근처에 있는 김해 수로왕릉으로 발걸음을 옮겼다. 이곳은 금관가야를 세운 수로왕의 무덤이 있는 곳이다. 전해지는 설화에 따르면 하늘에서 내려온 여섯 개의 황금알 중 가장 먼저 깨어난 아이가 수로였고, 그가 금관가야의 시조가 되었다고 한다.

무더운 여름 날씨 속에서 돌담을 따라 피어있는 능소화가 눈에 들어왔다. 꽃잎은 조금 지기 시작했지만, 여전히 그 아름다움은 눈길을 사로잡았다.

"우리 여기 능소화 앞에서 다 같이 사진 찍는 건 어때요?"

"이 꽃 참 예쁘네. 그래, 그래. 선영이가 찍자고 하면 찍어야지."

시부모님과 친정부모님, 그리고 우리 부부까지. 6명이 나란히 서서 사진을 찍었다. 능소화 아래에서 활짝 웃고 있는 부모님들의 모습을 보니 뭉클해졌다. 매년 7월이 되면, 김해 수로왕릉의 능소화를 떠올리며 이 순

간을 잔잔히 그리워하게 될 것이다.

능소화는 한 번 피고 지는 것이 아니라, 뜨거운 여름 동안 몇 번이고 다시 피어난다. 그래서일까, 꽃말이 '그리움'과 '기다림'이라고 한다. 자식을 기다리는 부모님의 마음과도 닮아 있다. 세월이 흘러도 변함없는 사랑으로 우리를 감싸주시는 부모님. 그들의 세 번째 스무 살을 웃으며 함께 맞이했듯, 다가올 네 번째, 다섯 번째 스무 살도 함께할 수 있기를 바란다.

경기 시흥 관곡지 연꽃

"연잎이 진짜 크다. 이래서 개구리 왕눈이가 비 오는 날 연잎을 우산으로 썼나 봐."

"그러게, 이렇게 큰 연잎은 처음 봐."

시흥 연꽃단지에 수십만 평 규모로 연꽃이 피어있었다. 정확히 말하면 온통 연잎이 가득했고, 그 사이 중간중간 연꽃이 피어있었다. 싱그러운 연둣빛 사이에 연분홍색 연꽃의 자태가 도드라져 보였다.

가까이에서 보니 연잎의 크기가 사람의 몸을 가릴 수 있을 정도였다. 진짜 비를 막아줄 수 있을까. 손에 쥐고 있던 생수를 연잎 위로 부어보았다. 연잎의 표면을 따라 물방울이 또르르 흘러내리더니 중앙에 유리구슬처럼 동그랗게 고였다. 그 모습이 신기해 연잎을 조금씩 흔들어 보았더니 이리저리 물방울이 막을 형성하면서 연잎 위에서 춤을 췄다.

그 연잎 사이로 새초롬하게 피어난 연꽃이 있었다. 새벽에 왔으면 활짝 핀 연꽃을 많이 볼 수 있었을 텐데, 오전이 지나 방문했더니 동그랗게

입을 모으고 있는 꽃이 더 많았다. 연꽃은 새벽에 가장 꽃잎을 활짝 피우고 낮부터 꽃잎을 오므리는 특징이 있다. 활짝 핀 연꽃을 보고 싶다면 새벽 일찍 서두르는 것이 좋다. 그래도 몇 송이 활짝 핀 연꽃이 있어 가까이 다가갔다. 정성스럽게 포장한 선물을 풀어낸 듯 꽃잎 한 장 한 장이 곱게 펼쳐져 있었다. 꽃잎이 감싸고 있는 꽃 중심에는 동그란 구멍이 뿅뿅 뚫려있는 노란 꽃받침에 갈기처럼 꽃수술이 감싸고 있었다. 여름이 지나 꽃이 지면 연꽃잎이 하나둘 떨어져 꽃잎만 남고, 꽃받침 속에 있는 씨앗이 자라 열매가 되는 것이다. 그 열매가 신비로워 보여 빨려 들어갈 듯 계속 관찰하게 되었다.

　걸음을 옮기다 보니 멀리서 기다란 흙담이 보였고, 그 안에는 정자가 자리하고 있었다. 바로 이곳이 관곡지였다. 내가 이곳을 찾은 이유는 단순히 연꽃이 보고 싶어서만은 아니었다. 관곡지는 우리나라 연꽃의 시작점이라는 특별한 역사적 의미를 지닌 곳이다. 조선시대 강희맹이 중국에서 가져온 연꽃 씨앗을 이곳에 심으면서, 한국의 연꽃 문화가 시작된 것이다. 관곡지의 작은 연못 속에도 연꽃들이 몇 송이 피어있었다. 연꽃은 진흙 속에서도 깨끗함을 잃지 않고 맑고 향기로운 꽃을 피워낸다. 이런 모습 때문에 부처님의 자비와 지혜를 상징하는 꽃이 되었다.

경북 경주 종오정   배롱나무꽃

경주 종오정으로 향하는 길이 익숙하게 느껴졌다. 도착했을 때 할머니 집과 같은 동네라는 것을 알게 됐다.

"여기에서 조금만 걸어가면 우리 할머니 댁이에요. 신기해요."

내가 그 말을 꺼내자, 마실오빠는 깜짝 놀라며 물었다.

"진짜가? 근데 여길 한 번도 안 와봤다고?"

기억을 더듬어 보니 어릴 적 아버지와 함께 이곳을 찾은 기억이 희미하게 떠올랐다. 초등학생 때 방학 숙제를 하기 위해 이곳을 찾은 것이다. 과제는 개구리 사진을 찍는 것이었다.

"우리 동네에 연못 있는 곳이 있으니깐 거기 가보자. 왠지 있을 것 같은데."

"진짜? 그럼 개구리알도 볼 수 있을까? 나 개구리알 보고 싶었는데."

투명한 젤리 속에 까만 점이 있는 개구리알이 어린 시절에는 왜 그렇게 신기했는지. 할머니 댁에서 걸어서 5분 정도 거리에 있는 이곳 종오

정으로 들어왔다. 마당에 있는 연못 옆에 쪼그려 앉아 개구리를 찾아보
았다.

"오! 저기 연잎 위에 개구리 앉아있는 거 보이제? 여기 있을 줄 알았
다. 내가 사진 찍어볼게."

아버지는 필름 카메라로 개구리 사진을 여러 장 찍었다. 그 사진에는
개구리와 연꽃, 연잎, 그리고 나의 모습이 담겨 있었다. 또 다른 과제인
자연의 소리를 녹음하는 숙제를 하기 위해 숲으로 들어가 새소리를 담
고, 닭장 안으로 들어가 닭을 쫓으며 닭 울음소리를 담기도 했다. 경주
시골에 있는 할머니 댁에 오면 항상 자연과 가까이했다. 여름이면 앞마
당에 피어있는 봉숭아꽃을 따다 손가락에 물을 들이고, 동네에 있는 들
판에서 귀뚜라미와 메뚜기를 잡고 놀았다. 할머니 댁에서 키우던 소에게
여물을 직접 주기도 했다. 자연에서 뛰어놀며 즐거웠던 추억이 많은 유

년 시절이라, 성인이 되어서도 자연에 가면 마음이 편안해지는 게 아닐까 생각됐다. 행복했던 어린 시절 장면을 떠올리니 세월이 이렇게 빨리 흘렀다는 게 조금은 슬퍼졌다. 건너편에서 마실오빠가 나를 불렀다.

"선영아, 거기 한번 서봐라. 배롱나무가 풍성해서 같이 담으면 예쁘겠다."

오빠는 연못 반대편에서 나와 배롱나무 사진을 담아주었다. 사진을 확인해보니 배롱나무 액자 속에 들어가 추억 여행을 다녀온 것 같았다.

선조의 곧은 마음

전북 전주 경기전 & 향교   배롱나무꽃

　무더운 여름날, 붉게 핀 배롱나무꽃을 만나기 위해 전주 한옥마을로
향했다. 한여름의 뜨거운 햇살 아래에서도 꽃을 피우는 배롱나무는 한결
같은 기개와 절개를 품고 있었다.

　먼저 도착한 곳은 한옥마을 입구에 위치한 경기전. 이곳은 조선을 건
국한 태조 이성계의 영정을 모신 역사적인 장소로, 전통의 기운이 살아
숨 쉬는 곳이다. 경기전의 돌담을 따라 걷다 보면, 붉은 꽃을 가득 피운
배롱나무가 한옥의 고즈넉한 분위기와 어우러져 있다. 햇빛을 받아 붉은
꽃잎이 반짝일 때마다 그 빛은 더 깊고 강렬하게 전해졌다. 한복을 입고
이 전통적인 공간을 거니는 사람들의 모습은 오래된 그림 속 한 장면처
럼 아름다웠다.

　경기전을 나와 발걸음을 옮긴 곳은 전주 향교. 고려와 조선 시대에 유
학을 가르치던 관학교육기관으로, 이곳의 대성전 앞에는 100년이 넘은
배롱나무가 우뚝 서 있었다. 한 세기가 넘는 세월 동안 굳건히 자리를 지

켜온 배롱나무는, 과거 학문에 매진하던 선비들의 곁을 지키며 그들을 응원해왔을 것이다. 나무를 바라보며 옛 선비들이 이곳에서 공부하던 모습을 상상해보았다. 이 한적한 곳에서 자연과 함께 학문에 몰두하는 선비들의 마음은 어떤 것이었을까?

　나도 요즘 학문을 닦는 마음으로 공부를 하고 있다. 오랫동안 사진을 찍으며 여행을 기록해왔지만, 제대로 이론을 공부한 적은 없었다. 그저 감각적으로 셔터를 누르고, 여행의 순간을 기록하는 것에 만족했을 뿐이었다. 그러다 사진 강의를 요청받게 되었고, 그동안 내가 알던 지식이 얼마나 얕았는지 깨닫게 되었다. 부족한 실력에 두려움이 앞섰고, 사진 이론을 공부하지 않으면 안 된다는 생각이 들었다. 그 후로 도서관에 가서 사진학에 관한 책을 찾아 공부하기 시작했다. 구도와 노출, 사진의 기본적인 원칙들을 배워가며, 단순히 아름다운 장면을 포착하는 것 이상의

의미를 이해하게 되었다. 책 속에서 배운 이론들은 내가 그동안 어렴풋이 알고 있던 감각들을 체계적으로 정리해주었고, 하나하나 퍼즐 조각이 맞춰지듯 내 사진 세계가 넓어지고 깊어졌다. 배롱나무가 오랜 세월을 견디며 피어나듯, 나도 꾸준히 공부하며 조금씩 성장해가고 있다.

배롱나무를 보며 스스로를 다잡고 학문에 몰두하던 선비들의 마음을 떠올리며, 나도 흔들리지 않고 계속해서 배워가야겠다고 다짐했다.

8월

August

"맥문동?

그건 어디에 있는 동네야?"

필름 카메라를 선물 받다

경북 경주 월정교 　　　　　　　　　　　　　　 해바라기

갑상선암 수술을 한 지 10년이 흘렀다. 담당 교수님이 수술을 잘해주신 덕분에, 이제는 1년에 한 번만 검진을 받아도 될 정도로 예후가 좋다. 서울로 이사를 해서 병원을 옮기는 방법도 있지만, 교수님이 뵙고 싶어 정기검진은 항상 울산에서 받고 있다. 정기검진 날, 결과를 듣고 일어나려던 순간 교수님이 말씀하셨다.

"선영 씨, 혹시 필름 카메라로도 사진 찍어요? 집에 할아버지가 쓰시던 필름 카메라가 몇 대 있는데 제가 관리할 수가 없어서요. 그냥 두기보다는 잘 쓸 수 있는 분께 드리고 싶어요. 선물로 드려도 괜찮을까요?"

"교수님 정말요? 소중한 카메라일 것 같은데 저에게 주셔도 되나요? 주신다면 감사히 받을게요!"

내가 사진 일을 하고 있다는 것을 기억하고 카메라 선물을 주고 싶다고 하신 것이다. 할아버지가 쓰신 것이라면 소중히 간직할 텐데, 내가 사진을 진심으로 좋아한다는 마음을 믿고 선물해주시는 것 같아 감동이었다.

  그다음 해 정기검진 날. 일 년 만에 만난 교수님은 필름 카메라 세 대
와 필름 세 개를 넣은 카메라 가방을 건넸다. 미놀타와 올림푸스 필름 카
메라. 요즘에 구하기 힘든 기종이었다. 할아버지와 추억이 담긴 카메라
라고 생각하니 그 의미가 더 크게 다가왔다. 어떻게 감사의 마음을 전해
야 할까 고민하던 나는, 필름 카메라로 찍은 사진을 선물하는 것이 가장
좋은 보답일 거라 생각했다.
  검진이 끝나고 필름 카메라를 챙겨 바로 경주로 향했다. 해바라기가
활짝 피어있는 월정교에 도착했다. 언제나 태양을 바라보며 생명력과 희
망을 상징하는 해바라기가 더 의미 있게 느껴졌다. 필름 카메라로 이 순
간을 담으면서, 나에게 새로운 삶을 선물해준 교수님을 떠올렸다.

또다시 1년 후, 그동안 전국을 여행하며 필름 카메라로 찍은 사진들을 인화해 앨범에 담았다.

"안녕하세요 교수님, 그동안 잘 지내셨나요? 이 앨범에 작년에 선물해주신 필름 카메라로 찍은 사진들을 담아보았어요. 이 사진들이 교수님에게 조금이나마 힘이 되셨으면 좋겠어요. 선물해주신 카메라 정말 감사합니다. 덕분에 잘 사용하고 있습니다."

교수님은 앨범을 받아 들고 천천히 넘겨보며 미소를 지었다.

"이렇게 귀한 사진들을 선물해주다니 고마워요. 선영 씨는 언제나 밝고 씩씩해서 좋아요. 카메라가 좋은 주인을 만났네요."

교수님과 수많은 환자 중 하나로 시작한 인연이, 필름 카메라를 통해 조금은 더 특별해진 것 같았다.

경북 성주 성밖숲 맥문동

여름날의 뜨거운 햇볕을 피해 그늘에서 고요히 피어나는 보랏빛 꽃이 있다. 바로 맥문동이다. 흔히 라벤더와 헷갈리는 경우가 많지만, 맥문동은 그 특유의 생김새로 라벤더와는 다른 아름다움을 지니고 있다. 맥문동은 길쭉한 줄기 끝에 동글동글하게 모여 있는 작은 알갱이 같은 꽃들이 특징이다. 빼빼로에 보라색 크런치 볼을 하나하나 정성스레 붙여놓은 듯한 모습이다. 맥문동은 그늘진 곳에서 고요히 자신의 색을 내며 자란다. 주말에 맥문동을 보러 갈 계획을 세우고 있을 때, 친구가 물었다.

"주말에 뭐 해?"

"나 맥문동 보러 갈 거야."

"맥문동? 그건 어디에 있는 동네야?"

순간 나는 빵 터져 버렸다. 친구는 맥문동을 동네 이름으로 착각한 것이다. 꽃에 대해 잘 모르면 그럴 수도 있겠지 싶었지만, 귀여운 착각이었다.

맥문동이 빼곡히 피어나는 성주 경산리 성밖숲으로 향했다. 이곳은 대한민국 천연기념물 제403호로 지정된 곳으로, 500년이 넘은 노거수 왕버드나무들이 자태를 뽐내는 곳이다. 숲에는 총 59그루의 왕버드나무가 그늘을 만들어 주고 있었다. 성밖숲이란 이름에 방문객들은 종종 "성은 어디에 있고 숲만 있냐"고 묻곤 하는데, 사실 이곳은 일제강점기 때 성이 철거된 후, 남아 있는 숲만이 그 자리를 지키고 있다. 현재는 북문과 북쪽 성곽 일부가 복원되어 그 역사의 흔적을 더듬어 볼 수 있다. 성밖숲에서 맥문동을 감상하며 나는 자연스럽게 왕버드나무 그늘 아래 몸을 피했다. 뜨거운 햇살도 더 이상 나를 따라오지 않았다. 그 속에서 나는 한껏 여름의 여유를 누렸다.

여름의 끝자락에서

충남 태안 파도리 해수욕장 바다

"여기 와서 발을 담가봐."

그의 곁으로 다가가 바다로 발을 내디뎠다. 발끝에서 느껴지는 바닷물의 시원함이 더위를 한순간에 씻어주는 듯했다. 해초와 미역이 떠밀려와 내 발목을 간지럽혔다.

"어때, 시원하지? 바다에 왔으니 발은 담가봐야 하지 않겠어?"

그의 말에 나도 모르게 장난기가 발동했다. 발로 바닷물을 힘껏 차서 그에게 물장구를 쳤다. 물이 그의 다리와 얼굴에 튀자 우리는 아이처럼 깔깔대며 장난을 이어갔다.

잠시 후 파라솔 아래로 돌아와 캠핑 의자에 앉았다. 아이스박스에서 시원한 레모네이드를 꺼내 마셨다. 시간이 흐르고 해가 저물어 갈 무렵, 하늘이 점차 분홍빛으로 물들기 시작했다. 구름은 따뜻한 여름의 습기를 머금고 부풀어 올라 하늘을 덮고 있었고, 그 위로 노을이 번졌다. 그 순간, 우리는 대화를 멈추고 하늘과 바다가 만들어내는 장면을 바라보았

다. 핑크빛으로 물든 하늘이 절벽과 바다 위로 내려앉고, 햇살을 받은 파도는 금빛으로 반짝이며 잔잔히 해안으로 밀려들었다.

"지금 이 순간, 정말 소중하다. 더울까 봐 걱정했는데, 기대 이상으로 좋아."

그가 조용히 내게 말했다. 나도 고개를 끄덕였다. 말로 다 표현할 수 없는 평온함이 우리의 마음을 채웠다. 이 순간을 함께하며 우리는 같은 풍경, 같은 바다를 바라보았다. 여름의 끝자락이 조용히 저물어가고 있었다.

제주 아부오름   삼나무

이번 제주 여행은 복고풍언니와의 콜라보 프로젝트로 시작되었다. 언니는 얼마 전에 제주의 풍경을 수채화로 그린 첫 컬러링 북, 『제주 수채화 여행』을 출간했다. 이 책 제목을 보는 순간 제주의 풍경들을 직접 그리며 여행하는 프로그램을 떠올렸다.

"언니, 책 제목처럼 그림 그리면서 제주 여행하는 프로그램 만들어 보는 건 어때요?"

"정말 좋은 아이디어네. 재미있겠다. 한번 해보자."

우리는 소규모 제주 수채화 여행을 기획하게 되었다. 이번 여행은 단순히 눈으로 풍경을 감상하는 것을 넘어, 물감과 붓을 들고 그 순간을 직접 그리며 경험하는 특별한 시간을 만들고 싶었다. 제주 수채화 여행을 함께할 멤버를 모집했고, 우리를 포함해 총 5명으로 소규모 여행을 하게 되었다. 여행을 시작하기 전 카페를 대관해 먼저 수채화 물감을 사용하는 방법을 배웠다. 동그랗게 모여앉아 그림을 배우니 학창 시절로 돌아

간 듯한 기분이 들었다. 카페에서 충분히 기본기를 익히고 본격적으로 제주 수채화 여행을 나섰다. 장소를 고민하다가 책에 나오는 장소 중 한 곳을 선정했는데, 그곳은 아부오름이었다.

송당리에 자리한 이 오름은, 멀리서 보면 믿음직하게 앉아있는 어른의 모습 같다는 이유로 '아부오름(亞父岳)'이라는 이름을 얻었다. 가파르긴 해도 20분 남짓이면 정상에 도착할 수 있는데, 정상에 다다르면 넓게 펼쳐진 초록빛 잔디밭과 함께 한가운데 있는 삼나무 숲이 일품이다. 오름 위에서 불어오는 시원한 바람이 피로를 씻어주었고, 우리는 피크닉 매트를 펼치고 자리를 잡았다.

눈앞에 펼쳐진 아부오름의 풍경은 한없이 평화로웠다. 푸르른 잔디밭과 짙은 녹색의 삼나무 숲, 그리고 고요하게 흐르는 바람. 초록빛은 그저 하나의 색이 아니었다. 잔디의 연둣빛, 삼나무의 진한 초록, 햇살이 비출 때마다 변화하는 빛의 흐름 속에서 초록은 수십 가지의 이야기를 품고

있었다. 나는 물감을 섞으며 그 미묘한 차이를 표현해보려고 했다. 그 순간은 평소에 사진으로 담지 못한 또 다른 세계로 나를 이끌었다. 그림을 그리기 위해 풍경을 바라보니, 카메라를 통해 봤던 그 모습과는 사뭇 달랐다. 사진을 찍을 때는 그저 순간을 포착하면 끝이었지만, 붓으로 그리려면 그 순간의 색감과 형태를 찬찬히 들여다봐야 했다. 나무의 결, 하늘의 색, 바람에 흔들리는 풀잎 하나까지도 천천히, 그리고 깊이 관찰하게 되었다. 풍경을 그리는 과정에서 나는 그 순간을 더 오랫동안 음미할 수 있었다. 평소라면 금방 지나쳤을 작은 디테일들이 하나하나 생생하게 다가왔다. 해가 지기 시작하면서 하늘은 오렌지빛으로 물들며 잔디밭 위로 부드럽게 내려앉았다. 제주 수채화 여행이 완성된 순간이었다.

천천히 머물다 가는 집

충북 충주 서유숙 스테이 목수국

한강 물줄기를 따라 양지바른 언덕 위에 자리한 서유숙 스테이는 자체로 고요한 공간이다. 겹겹이 이어진 푸른 산과 잔잔히 흐르는 강, 그 풍경이 한눈에 들어오는 이곳은 시간이 멈춘 듯한 평화를 안겨준다. 지난해 겨울, 친구와 함께 처음 찾았던 따뜻한 기억이 남아 있어 이번 여름에는 남편과 다시 발걸음을 했다.

7월의 정원에는 활짝 핀 목수국이 우리를 맞이했다. 수국의 여러 품종 중에서도 아나벨 라임라이트였다. 처음 피어날 때는 연둣빛을 띠며 신비로운 생명을 뿜어내다가, 시간이 지날수록 깨끗한 하얀색으로 변해가고, 가을이 다가오면 연한 핑크빛으로 물들며 서서히 그 아름다움을 갈색으로 내어준다. 그 변화는 자연의 시간이 천천히 흐르며 만들어낸 예술처럼 보였다. 서유숙의 정원은 그저 식물들로만 채워진 공간이 아니었다. 이 정원은 몇 년 전 충북 민간정원 1호로 선정된 이유를 증명하듯, 모든 것이 조화롭게 어우러져 있었다.

서유숙 스테이에서 가장 기다려지는 것 중 하나는 아침 식사다. 단호박 수프와 통새우가 듬뿍 들어간 유기농 샐러드, 신선한 과일과 수제 요거트가 정갈하게 차려져 둥근 채반에 담겨 나왔다. 우리는 커다란 나무 그늘 아래에서 아침 식사를 즐기기로 했다. 그 순간, '설기'와 '문수'가 경쾌하게 다가와 아침 인사를 건넸다. 그들은 서유숙에서 사는 리트리버 친구들로, 잔디밭을 뛰어다니며 활짝 웃고 있었다. 아침을 먹는 우리를 침을 흘리며 바라보는 모습에 웃음이 나왔다. 겹겹이 쌓인 산, 잔잔한 강물, 새들의 노래, 그리고 신나게 뛰어다니는 설기와 문수까지. 이 모든 것이 어우러져 그 순간이 비현실적으로 느껴졌다.

"지금, 이 순간이 너무 여유롭고 행복하다. 지금 꿈꾸는 거 아니지?"

이곳에서의 하루는 꿈처럼 지나갔지만, 그 여운은 내 마음 깊이 남았다.

일하며 나를 돌보는 여행

강원 강릉 송정해변 　　　　　　　　　　　　　　　　바다

'내가 꿈꾸던 집중과 휴식. 원하는 곳에서 일하며 나를 돌보는 여행을 합니다.'

우연히 강릉에서 진행되는 워케이션 모집 글을 보게 되었다. 4박 5일 동안 바다를 곁에 두고, 일과 휴식을 조화롭게 즐길 수 있는 프로그램이었다. 일에 집중이 잘되지 않아 힘들어하던 때였다. 바로 프로그램을 신청했고, 강릉 위크엔더스로 향했다. 위크엔더스에서 숙박을 하며 정해진 스케줄에 맞춰 일을 하고 휴식을 하는 프로그램이었다. 이곳을 만든 여자 사장님은 서핑과 사랑에 빠져 강릉에 정착한 분이라고 했다. 바다에 이끌려 자신의 꿈을 실행에 옮긴 사람이라니 매력적으로 느껴졌다. 그리고 이곳에서 보내는 시간이 나에게 또 어떤 영감이 될지 기대됐다.

프로그램 중 가장 궁금했던 '일출 비치 요가'의 날이 다가왔다. 해가 뜨기도 전, 서늘한 새벽 공기를 맞으며 송정해변으로 향했다. 바람 한 점 없는 바다는 놀랍도록 잔잔했다. 해가 서서히 떠오르기 시작하고, 따뜻한 햇살이 바다를 물들였다. 프로그램에 참여한 멤버들은 각자의 방식으로 일출을 감상했다. 뒤를 돌아보니 모래사장에는 요가 매트가 펼쳐져 있었다. 선생님의 리드에 따라 요가 동작을 시작했다. 자세를 바꿀 때마다 모래가 내 피부에 닿았다. 간질거리기도 하고 따끔하기도 하며 잠들어 있던 감각을 깨우기 시작했다. 귓가에는 파도소리가 들리고, 뜨거운 태양의 에너지가 온몸에 스며드는 것 같았다. 요가를 마치고, 매트에 등을 기대어 하늘을 바라보며 누웠다. 양팔과 두 다리를 편안하게 늘어뜨렸다. 모래가 온몸에 붙었지만, 불편하지 않았다. 오히려 이 순간에 온전히 몰입할 수 있었다. 워케이션 프로그램을 통해 일과 휴식의 경계가 뚜렷하게 나뉘지 않고 자연스럽게 흐르며 조화를 찾는 방법을 배웠다.

9월

September

우리는 한 손에 카메라를,
다른 손에는 서로의 손을 잡고
가을 속으로 천천히 걸어갔다.
그의 눈 속에도 코스모스와 하늘,
그리고 우주가 펼쳐져 있는 듯했다.

우주가 펼쳐진 꽃밭

경기 안성 안성팜랜드   코스모스

신이 세상을 아름답게 하기 위해 가장 먼저 창조한 꽃. 그 전설 속의 주인공이 코스모스다. 그래서 코스모스의 사전적 의미가 '우주(cosmos)'인 걸까? 코스모스를 가까이에서 들여다보면, 꽃의 중심부에 자리 잡은 노란 꽃술이 별 모양을 이루고 있다. 꽃송이 속에 우주가 담긴 것처럼, 그 별들이 모여 무한한 우주를 형상화한 듯하다.

이제는 계절을 가리지 않고 쉽게 만나볼 수 있지만, 여전히 코스모스는 가을을 상징하는 꽃이다.

"우리 가을 웨딩사진은 코스모스 배경으로 찍는 게 어때?"

"가을 하면 코스모스지. 나는 뭐든 좋아."

봄에는 청보리와 양귀비, 여름에는 수국과 해바라기. 가을엔 코스모스 꽃밭에서 사진을 찍고 싶었다. 안성팜랜드로 향했다. 언덕 위로 핑크빛 코스모스가 한가득 피어있었다. 코스모스는 그 색깔마다 저마다의 꽃말을 지니고 있는데, 그중에서도 분홍빛 코스모스는 '사랑'을 의미한다고 했다. 셀프웨딩 배경지로 더할 나위 없이 좋은 곳이었다. 바람을 따라 코스모스꽃들이 흔들리고, 그 사이로 빛이 스며드는 순간, 모든 것이 고요해졌다. 우리는 한 손에 카메라를, 다른 손에는 서로의 손을 잡고 가을 속으로 천천히 걸어갔다. 그의 눈 속에도 코스모스와 하늘, 그리고 우주가 펼쳐져 있는 듯했다.

경기 시흥 갯골생태공원

해바라기

처서가 지나고 가을의 문턱에 들어선 9월, 시흥 갯골생태공원에 해바라기가 피어났다. 시흥 갯골생태공원은 국내에서 유일하게 내륙 깊숙이 자리 잡은 갯벌과 옛 염전이 공존하는 특별한 공간이다. 봄에는 유채꽃, 여름에는 코스모스와 해바라기, 가을에는 핑크뮬리와 억새 등 수많은 꽃이 공원을 화려하게 장식한다. 그중 한쪽에 노란 해바라기 군락이 펼쳐져 있었다.

해바라기는 그 이름처럼 해를 향해 자라는 꽃이다. 매일 아침 해를 따라 고개를 돌리며 태양을 좇는 모습은 일편단심으로 사랑을 향해 나아가는 것처럼 보인다. 해바라기는 한해살이 꽃으로, 봄에 싹을 틔우고 여름과 가을 동안 부지런히 자라 뜨거운 태양 아래에서 활짝 꽃을 피운다. 가을이 깊어지면 해바라기는 열매를 맺고, 짧지만 강렬한 생을 마무리한다. 이 생애 주기는 해바라기가 '열정적인 사랑'과 '변치 않는 사랑'이라는 꽃말을 가진 이유일 것이다. 해가 뉘엿뉘엿 지고, 황금빛 해바라기들이 노을과 함께 낭만적으로 물들어갔다. 우리의 사랑도 해바라기처럼 한결같기를 바라는 마음을 담아, 노란 꽃밭에서 환하게 미소 지었다.

제주 새별오름   억새

새별오름은 '초저녁 외롭게 떠 있는 샛별'처럼 보인다고 해서 이름 붙여졌다. 제주의 평화로 서쪽에 우뚝 솟아 있다. 가을이 되면 오름 전체가 은빛 억새로 물들며, 바람에 부드럽게 흔들리는 억새가 그곳을 찾는 이들의 발걸음을 가볍게 만든다. 가을 햇살을 받아 황금빛으로 반짝이는 억새는 손끝에 닿는 감촉이 고운 실처럼 부드럽고, 그 움직임은 평화로운 자연의 리듬을 느끼게 해준다.

새별오름은 제주의 여러 오름 중에서도 특히 매력적이다. 억새밭을 걷다 보면 끝없이 펼쳐진 풍경과 가을의 정취가 마음을 차분하게 만들고, 시간이 천천히 흐르는 듯한 착각을 불러일으킨다.

과거에는 정월대보름 무렵 이곳에서 들불 축제가 열렸다. 오름 전체에 불을 놓아 겨우내 쌓인 나쁜 기운을 날려 보내고, 새해의 풍요를 기원하던 풍습이다. 축제의 하이라이트는 오름을 휘감는 불길과 터지는 불꽃이었다. 지금은 기후 위기와 산불 위험으로 축제가 사라졌지만, 그 덕분에 새별오름은 다시 평화로움을 되찾았다.

가을 억새가 바람에 흔들리는 새별오름 정상에 올랐다. 정상에서 바라본 제주의 풍경은 가슴을 탁 트이게 했다. 초록빛 들판과 바다, 그리고 하늘이 가을 햇살에 반짝이는 모습은 한 폭의 그림 같았다. 해가 지고 어둠이 내려오면서 억새는 마지막 빛을 품고 흔들렸다.

비가 만든 오아시스

제주 금오름 억새

"비가 오고 난 뒤에 꼭 가보고 싶은 곳이 있어. 같이 갈래?"

"비 온 뒤에만 갈 수 있는 곳이야? 어딘데? 궁금해!"

"금오름이야. 비가 많이 내리면 분화구 안에 물이 고여서 정말 아름다운 풍경이 펼쳐지거든. 며칠 동안 비가 많이 내렸으니, 이번엔 볼 수 있을 것 같아."

몇 번을 시도했지만 번번이 놓쳤던 풍경, 금오름 분화구에 물이 고인 모습을 이번엔 꼭 보고 싶었다. 기대가 커질수록 마음도 설렜다. 매번 비가 스며들어 버려서 볼 수 없었지만, 이번에는 일주일 내내 내린 비 덕분에 예감이 좋았다. 예전에는 차로 정상까지 갈 수 있었지만, 이제는 도보로만 오를 수 있는 길이 되었다. 20분이면 닿는 정상. 오름의 정상에 다다르자마자 마침내 내가 꿈꾸던 장면이 눈앞에 펼쳐졌다.

"물이 고여 있어! 드디어 이 풍경을 보게 되다니."

"이 풍경이 그렇게 보기 힘든 거야? 나는 처음 왔는데 바로 보게 됐네,

운이 좋네!"

 금오름 분화구 한가운데에 고요히 고인 물은 신비로운 호수처럼 보였
다. 사막에서 오아시스를 발견한 듯한 기분이었다. 천천히 분화구 안으
로 내려가며 바람에 흔들리는 억새들을 바라보았다. 가까이 다가갈수록,
하늘을 그대로 담고 있는 분화구의 물은 더 깊고 넓게 느껴졌다. 구름이
흐릿하게 드리운 하늘이 열리며 햇살이 비추자, 물 위에 비치는 햇빛은
거울처럼 세상을 반사했다. 이렇게 완벽한 풍경을 두 눈으로 직접 담을
수 있다는 건 행운이었다. 며칠 후면 이 물은 사라질지 모르지만, 오늘은
이곳에서 이 순간을 온전히 느낄 수 있다는 것만으로 충분했다.

울산 대왕암공원 꽃무릇

추석 무렵이 되면, 울산 대왕암공원의 송림길에 붉은 양탄자가 깔린다. 100년이 넘은 소나무 1만 5천여 그루가 가득 찬 송림 속에서, 꽃무릇은 숨겨진 보물처럼 그 화려함을 드러낸다. 가까이 다가가 자세히 보면, 가느다란 꽃줄기 위로 여러 갈래로 말려 올라간 꽃잎들이 섬세하게 마스카라를 바른 속눈썹처럼 보인다. 그 위에 빗방울이 맺혀 있는 모습은 눈물이 흘러내릴 것만 같은 슬픈 사랑의 한 장면을 떠오르게 했다. '이룰 수 없는 사랑'이라는 꽃말이 머릿속을 스치자, 그 모습이 더 애틋하고 애잔하게 느껴졌다. 꽃무릇을 앞에 두고, 나는 사진을 어떻게 담아낼지 한참을 고민했다. 예전에는 아무 생각 없이 셔터를 눌렀던 순간들이, 이제는 한 장면을 찍는 일조차 많은 고민을 하게 된다.

얼마 전부터 나는 사진 실력이 정체된 것 같아 깊은 슬럼프에 빠져 있었다. 더 좋은 장비를 쓰면 사진 실력이 좋아질 것이라고 생각했다. 그런 마음으로 마실오빠에게 조언을 구했다.

"사진 실력을 키우고 싶어서 장비를 업그레이드한다고? 흠, 일단 내가 책 하나 추천해줄게. 이거 먼저 읽고 다시 얘기해보자."

그가 추천해준 책은 김홍희 작가의 『나는 사진이다』였다. 장비에 대한 정보를 얻으려 책을 펼쳤지만, 그 속에서 나를 향해 조언하는 듯한 글을 발견했다.

사진은 무엇으로 찍는가? 카메라로 찍는다고 답할 것인가? 그렇다면 글은 무엇으로 쓰는가? 연필로 쓴다고 말할 것인가? 사진은 카메라가 아닌 당신이 찍는 것이다. 당신의 손가락이 셔터를 누르는 순간, 그것은 바로 당신의 의지와 당신이 표현하고자 하는 감정이 담겨 있는 것이다.

– 김홍희 『나는 사진이다』

그 문장을 읽는 순간, 망치로 머리를 맞은 것 같았다. 사진 실력이 늘지 않는 것을 카메라 탓으로 돌렸고, 더 좋은 장비만 있으면 모든 것이 나아질 거라 착각하고 있었다. 사진은 카메라가 아니라, 그 장면을 바라보는 나의 시선에서 비롯되는 것임을 그제야 깨달았다. 책을 다 읽은 후, 나는 더 비싸고 좋은 카메라를 사는 대신 오래된 필름 카메라를 다시 꺼내 들었다. 디지털카메라는 셔터를 쉽게 누르고 마음에 들지 않으면 금방 지울 수 있지만, 필름 카메라는 그럴 수 없으니 더 신중해질 수밖에 없었다. 사진은 단지 기술이나 장비의 문제가 아니었다. 사진을 찍기 전, 나는 더 많은 시간을 들여 피사체를 이해하고, 그 속에서 나만의 시선을 찾아가는 과정을 경험했다. 그동안 내가 놓쳤던 것은 더 좋은 카메라가 아니라, 내가 바라보는 대상에 대한 이해와 애정이었다. 사진을 통해, 나는 그 순간에 더 깊이 스며들었고, 그 안에서 나를 다시 발견할 수 있었다.

꽃무릇의 붉은 꽃잎 끝에 맺힌 빗방울처럼, 한 컷의 사진에는 내가 들이쉰 숨과 멈춘 시간, 그리고 바라보는 시선까지 모두 담겼다.

자연의 오케스트라

경북 경주 첨성대 핑크뮬리

핑크빛 구름에 몸을 맡긴 듯한 핑크뮬리. 처음 핑크뮬리를 보았을 때, 나는 한순간 그 신비로운 색감에 빠져들었다. 가을 하늘 아래, 바람에 흔들리며 넘실대는 분홍빛의 물결. 그 모습은 너무나 아름다워 현실이 아닌 듯했다. 핑크뮬리가 처음 인기를 끌게 된 곳은 경주 첨성대였다. 언제부턴가 가을의 상징이 된 핑크뮬리. 그 아름다움 뒤에는 알지 못했던 진실이 숨어 있었다.

핑크뮬리는 외국에서 들어온 외래종이다. 놀라운 번식력을 가져, 자생종들을 밀어내며 생태계의 균형을 무너뜨릴 수 있는 위험을 지니고 있었다. 생태계는 하나의 거대한 오케스트라와도 같다. 다양한 식물들이 각자의 음을 내며 어우러져야만 완벽한 하모니가 만들어진다. 그러나 핑크뮬리는 그 오케스트라의 음을 깨뜨리고 혼자만의 연주를 강하게 펼쳐나간다. 결국, 자연의 음악은 불협화음을 내기 시작할지도 모른다. 그래서 환경부는 핑크뮬리의 확산을 막기 위해 각 지자체에 식재를 중단하라는 권고를 내렸다. 많은 지역에서 핑크뮬리 군락지가 사라졌고, 경주시 역시 첨성대의 단지 외에는 더 이상 조성하지 않기로 결정했다.

처음 이 사실을 알게 되었을 때, 내 마음은 핑크빛 환상이 무너지는 듯했다. 내가 부지런히 좇아다녔던 그 아름다움이 사실은 우리 자연의 조화에 해를 끼치고 있었다니. 이 아름다운 꽃도 적절한 관리와 균형 속에서만 빛날 수 있는 존재라는 것을 알게 되었다. 자연은 우리가 상상하는 것 이상으로 섬세한 조율을 필요로 한다는 것이다. 우리가 자연을 대할 때, 그저 감탄만 할 것이 아니라 그 안에 숨겨진 생명의 조화를 이해하고 보호하는 마음을 가지는 것이 필요하다.

10월

October

나는 두 팔을 벌려 은행잎 위에 몸을 맡겼다.

하늘을 올려다보니,

가을바람에 흔들리며 나무에서 떨어지는

은행잎이 가을비처럼 내리고 있었다.

울산 태화강 국가정원 　　　　　　　　　　　팜파스

"그럼 우리 두 번 결혼식 하는 건 어때?"

코로나로 인해 예식장에 최대 50명만 초대할 수 있는 상황이었다. 작은 야외 결혼식을 하고 싶다는 로망과, 가족과 친지들이 참석하는 실내 결혼식 사이에서 고민하던 나에게, 그의 제안은 신선한 해결책이었다. 울산 시민들을 위해 태화강 국가정원에서 무료로 결혼식을 할 수 있는 제도가 있어서, 이곳에서 야외 결혼식을 하기로 했다.

'10월의 어느 멋진 날'이라는 노래처럼, 높고 푸른 가을 하늘에 따스한 햇살이 비추고, 선선한 바람이 불어왔다. 높이 솟아오른 분수는 햇빛을 받아 무지개를 만들어냈고, 그 뒤로는 짙은 초록빛 대나무숲이 듬직하게 펼쳐져 있었다. 그 사이에 팜파스와 핑크뮬리가 피어있었다. 팜파스는 하늘 높이 솟아오른 깃털처럼 가을바람에 흔들리고, 핑크뮬리는 부드럽고 은은한 분홍빛으로 주변을 물들였다.

우리는 야외 결혼식 의상으로 한복을 선택했다. 나는 은은한 핑크빛

한복을, 그는 차분한 회색빛 한복을 입었다. 결혼식이 시작되었고, 니의 20년 지기 친구가 사회를 맡아 주었다.

"햇살을 닮은 제 친구 선영이와 야채를 닮은 다정한 신랑 성훈이의 결혼을 시작하겠습니다."

신랑 신부 입장이라는 말에, 우리는 손을 맞잡고 힘차게 행진 길을 걸어 나갔다. 그와 처음 데이트했던 이곳에서 결혼식을 올린다는 사실이 새삼 감동으로 다가왔다. 태화강 국가정원을 혼자 걸으며 눈물을 삼키던 날들, 그와 처음 만나 대나무 숲을 걸으며 걸었던 그 기억들이, 짧은 행진 길에서 파노라마처럼 떠올랐다. 1분도 되지 않는 그 순간에 우리는 지난 시간을 추억하며 앞으로의 새로운 시작을 다짐했다.

"어머, 결혼식 하나 봐요. 너무 예쁘네요. 결혼 축하해요!"

공원을 산책하던 사람들도 발걸음을 멈추고 우리의 결혼식을 지켜보며 축하의 인사를 건넸다. 개방된 장소에서 야외 결혼식을 하니, 지나가는 모든 이가 우리 결혼의 하객이 되는 경험이 특별했다. 지금도 태화강 국가정원에서 진행한 우리의 결혼식을 떠올리면 행복한 미소가 지어진다.

하얀 구름이 내려앉은 치유의 숲

경기 파주 율곡수목원   구절초

꽃에 부쩍 관심이 많아진 남편이 가을 들판에 핀 구절초를 보며 샤스타데이지가 아니냐고 물었다.

"아, 이 꽃은 샤스타데이지가 아니라 구절초야. 생긴 게 비슷하지?"

두 꽃은 생김새가 닮았지만, 피는 시기에 따라 확실하게 구분할 수 있다. 구절초는 가을에 피는 대표적인 들국화의 한 종류이다. 구절초가 가득 피어있는 숲이 있다고 해서 새벽 일찍 서둘러 파주로 향했다. 밤나무가 많은 골짜기 동네라 붙여진 이름 율곡리에 율곡수목원이 있다. 율곡리에 본가가 있는 조선시대 학자 이이. 그의 호 '율곡'도 여기에서 유래된 것이라고 한다. 이곳은 가을이 되면 온 언덕이 구절초로 뒤덮인 신비로운 풍경을 선사하는 곳이다.

새벽안개가 자욱하게 내려앉은 이른 아침, 수목원에 도착하자 억새들이 이슬을 머금은 채 은빛으로 반짝이고 있었다. 그 은은한 빛 사이로 바람이 불며 억새가 사각사각 속삭이는 소리가 들려왔다.

"소나무 사이로 빛이 쏟아지는 모습 정말 신비롭다."

"그러니깐. 산신령이라도 내려올 것 같지 않아?"

소나무 숲 사이로 내려오는 빛 속에서 숲은 몽환적인 분위기로 가득 채워졌고, 그 신비로움 풍경에 마음이 저절로 차분해졌다. 함께해도 좋지만, 혼자서 이 공간에 집중해보고 싶었다. 나는 남편에게 제안했다.

"우리 서로 30분 동안 자유시간을 가진 다음 다시 만날까? 여기가 치유의 숲이라고 하니까 각자만의 방법으로 치유를 하면 좋을 것 같아서. 어때?"

"좋은 생각이다! 그럼 나는 이 평상에 앉아서 천천히 감상해볼게. 여보는 숲속을 걸어봐."

우리는 함께 여행을 와도 가끔씩 이렇게 떨어져 각자의 시간을 즐긴다. 그는 평상에 앉아 구절초 숲을 감상하고, 나는 구절초가 가득 핀 언덕을 따라 천천히 걸었다. 그 길을 따라 걸을수록 은은한 구절초 향이 바람에 실려 코끝에 닿았다. 꽃잎에 맺힌 이슬이 반짝이며 보석처럼 빛났다. 고요한 숲에 새소리가 청아하게 울려 퍼졌다. 자연이 연주하는 ASMR을 듣는 것만 같았다.

언덕을 따라 올라가자, 구름이 내려앉은 듯 온 언덕에 하얀 구절초가 흐드러지게 피어있었다. 저 멀리 평상에 앉아 풍경을 감상하는 남편의 모습도 보였다. 짧은 30분이었지만, 다시 만나니 왠지 더 반갑게 느껴졌다. 같은 곳에서 짧게나마 각자의 시간을 갖는 것이, 우리가 서로를 존중하고 이해하는 방식이라는 생각이 들었다. 치유의 숲을 나서는 발걸음이 훨씬 가벼워졌다.

변치 않는 사랑

경기 양주 나리공원   천일홍

추석 연휴, 고향에 내려가지 않기로 했다. 연휴가 짧아 양가 부모님께서 고생할 필요 없다며 그저 푹 쉬라고 배려해주신 덕분이다. 집에만 있기에는 조금 아쉬워 남편과 어디를 갈까 고민하던 중, 가을의 꽃들을 보고 싶다는 생각에 경기도 양주에 위치한 '나리공원'으로 향했다. 이곳은 천만 송이 천일홍이 만발한 공원이다. 입장료는 단돈 2천 원. 시에서 운영하는 공원이라 부담 없이 방문할 수 있었다. 입구에 들어서자마자, 무지개처럼 다채로운 빛깔의 천일홍이 우리를 반겼다.

"우와, 저게 천일홍이야? 멀리서 보니깐 무지개떡 같아. 색깔이 진짜 다양하다."

"맞아. 천일홍은 원래 여러 색이 있거든. 여기 꽃들이 엄청 질서정연하게 피어있네."

천일홍은 다양한 색을 자랑한다. 대표적인 색말 7가지로, 각각의 색에는 저마다의 꽃말이 담겨 있다. 자주색은 변치 않는 사랑, 빨간색은 열정

274 꽃길 따라 열두 달 여행

적인 사랑, 분홍색은 달콤한 사랑을 상징하며, 하얀색은 시작, 노란색은 기쁨, 오렌지색은 활력, 보라색은 우아함을 의미한다. 이처럼 천일홍의 각기 다른 색채는 그 분위기에 맞게 사랑의 다양한 형태를 표현하고 있었다. 천일홍이라는 이름도 '천 일 동안 붉은색을 띤다'는 뜻을 담고 있어, 변치 않는 사랑의 의미가 더욱 특별하게 느껴졌다. 보통 꽃들은 시들면 그 빛을 잃어가지만, 천일홍은 말라버린 후에도 선명한 색과 형태를 유지한다. 그래서 '변치 않는 사랑'이라는 꽃말은 이 꽃에 어울리는 가장 아름다운 표현이다.

천일홍은 작고 동그란 꽃송이들이 뾰족뾰족하게 솟아 있어, 꽃 속에 사랑을 꼭꼭 숨겨두고 그 사랑을 지키기 위해 갑옷을 입은 듯 보였다. 그 자태는 작지만 당당했고, 한 송이 한 송이 가을 햇살 아래 반짝이며 사랑의 메시지를 속삭이는 듯했다.

나리공원에는 천일홍 외에도 수많은 가을꽃이 함께 피어있었다. 핑크 뮬리부터 구절초, 촛불 맨드라미, 백일홍, 댑싸리, 버베나, 팜파스까지. 가을의 아름다움을 만끽할 수 있는 곳이었다. 우리는 천일홍이 가득한 꽃밭을 천천히 걸었다. 천일홍의 꽃말처럼, 우리의 사랑도 변치 않기를 바라며 서로의 손을 꼭 잡았다.

서울 용양봉저정공원   불꽃

꼭 한번은 서울세계불꽃축제를 보고 싶었다. 팬데믹 이후 3년 만에 개최되는 축제라 많은 인파가 몰릴 게 분명했다. 최대한 알려지지 않고, 편안하게 불꽃을 볼 수 있는 장소를 찾고 싶었다. 그렇게 찾아낸 곳이 2021년 새로 생긴 '용양봉저정공원'이었다. 이곳은 조선의 22대 왕 정조가 수원화성 행차 중 쉬던 곳을 공원으로 조성한 곳이다. 이름 또한 '산과 한강이 마치 용이 뛰놀고 봉이 높이 나는 듯하다' 하여 지어졌다고 한다. 노들역에 내려 10분 정도 걸어 공원 입구에 도착했다. 천천히 계단을 올라가자, 한강과 서울의 풍경이 탁 트인 모습으로 눈앞에 펼쳐졌다. 정면으로는 한강대교가, 왼쪽으로는 63빌딩이 보였다. 숨은 명당인 줄 알았는데, 같은 생각을 한 사람들이 이미 자리를 잡고 있었다. 적당한 곳에 자리를 펴고, 불꽃놀이가 시작되기를 기다렸다.

"피유우우웅. 펑! 펑! 펑!"

"와아아아!"

축제가 시작되자 하늘을 수놓는 불꽃이 터지며, 그만큼 사람들의 환호성도 커졌다. 불꽃은 한 번에 하늘을 향해 솟아오르며, 밤하늘을 캔버스 삼아 그림을 그리는 듯했다. '펑펑' 터지는 소리가 내 심장을 '쿵쿵' 두드리며, 그 진동이 온몸을 휘감았다. 하늘을 가득 채운 불꽃은 다채로운 색으로 번져 나갔다.

"아휴, 눈에 보이는 것만큼 사진에 잘 안 찍히네. 폰이 안 좋아서 그런가."

옆에서 누군가 아쉬운 목소리로 불평하는 소리가 들렸다. 고개를 돌리니 불꽃이 너무 밝게 나와 번져 찍힌 사진이 떠 있었다. 안타까운 마음이 들었지만, 나는 다시 불꽃놀이에 집중했다. 1부가 끝나고 쉬는 시간이 오자, 나는 남편한테 귓속말로 속삭였다.

"옆에 있는 아주머니들에게 불꽃사진 잘 찍는 방법 알려주는 건 오지랖일까? 사진이 잘 안 나온다고 속상해하시는 것 같아서."

"지금 쉬는 시간이니깐 한번 알려드려 봐! 엄청 좋아하실 것 같은데."

사진에 진심인 사람으로서 도움이 되고 싶은 마음에 용기를 내서 어깨를 톡톡 두드리며 말을 건넸다.

"아까 불꽃 사진 잘 안 나온다고 하시던데, 혹시 제가 좀 도와드릴까요?"

"아이고, 그러면야 너무 고맙지요! 안 그래도 사진 잘 찍는 것 같던데, 우리 좀 알려줘 봐요. 불꽃사진 멋지게 찍어서 친구들한테 자랑해야지."

나는 빠르게 불꽃사진을 찍는 팁을 알려주었다. 먼저 스마트폰 렌즈부터 깨끗하게 닦고, 초점을 고정시키는 방법과 밝기 조절을 설명했다. 렌즈가 오염돼 빛이 번져 보인 것과, 초점과 밝기를 고정하지 않아 불꽃이

터질 때마다 너무 밝게 찍힌 것이 문제였다.

2부가 시작되자 다시 불꽃놀이에 집중했다. 틈틈이 옆을 돌아보며, 아주머니들이 사진을 잘 찍고 있는지 확인했다. 그전보다 훨씬 깔끔하게 찍힌 걸 보니 뿌듯했다. 불꽃놀이가 절정으로 향할수록, 하늘을 가득 채우는 불꽃의 크기와 화려함은 점점 더 커져갔다. 우주가 열리고 그 속에서 수많은 별이 쏟아져 내려오는 듯했다. 불꽃이 하늘을 가르며 찬란하게 터지고, 사라지는 그 찰나의 순간은 인생의 소중한 순간들처럼 짧고도 아름다웠다. 그 순간, 우리는 모두 같은 하늘을 바라보며 하나가 되었다.

경북 청송 구천중학교 은행나무

주왕산을 나와 지나가는 길이었다. 우연히 발견한 커다란 은행나무가 우리의 시선을 사로잡았다. 그 나무는 하늘을 찌를 듯 높이 솟아 있었고, 그 아래에는 무수히 많은 노란 잎들이 가을빛을 가득 머금으며 운동장을 덮고 있었다. 학교 건물보다 훨씬 큰 키의 은행나무는 한 세기의 역사를 담은 듯 고요하게 서 있었다. 그 모습에 차를 멈추지 않을 수 없었다. 은행나무는 청송 구천중학교의 운동장에 자리하고 있었고. 주말이라 학교는 개방되어 있었다. 친구들과 함께 그곳으로 들어가는 길에, 학교에서 나오던 한 아주머니와 마주쳤다.

"여기 은행나무 정말 멋지죠. 마침 내가 안에 멋진 선물 준비해뒀는데, 다들 좋은 추억 만들어요."

"선물이요? 우와! 기대되네요. 감사합니다. 좋은 하루 보내세요."

아주머니가 처음 만난 우리에게 선물을 준비해두셨다는 말에 호기심이 생겼다. 넉살 좋게 인사를 건네고 기대감을 안고 학교로 들어갔다. 은행나무 쪽으로 다가갈수록, 그 거대한 나무 아래에는 노란 카펫을 펼쳐 놓은 것처럼 은행잎으로 가득 덮여 있었다. 그 위를 밟는 발걸음마저도 가볍게 느껴졌다.

"아주머니가 선물 준비해뒀다고 했는데, 그게 뭐지?"

그 순간 보물찾기를 하듯 그녀가 말한 선물을 찾아보았다. 우리는 은행잎으로 그려진 커다란 하트 모양을 발견했다.

"아! 아주머니가 말한 선물이 이거구나. 하트 모양을 발로 그리셨나 봐."

우리는 하트 안으로 들어가서 은행잎을 손에 가득 담고 장난치듯 하늘로 던졌다. 노랗게 빛나는 은행잎이 가을 하늘을 배경으로 흩날리며 낭만적인 순간을 만들어냈다. 그 순간 은행 냄새가 스멀스멀 올라왔다.

"은행은 다 좋은데 냄새가 진짜 고약해. 뭐 어차피 우리 다 같이 냄새 날 테니 괜찮아! 옷이야 빨면 되지!"

옆에서 드론을 날리던 마실오빠가 외쳤다.

"위에서 보니깐 더 멋지네! 하트 모양이 엄청 커. 그 안에서 한번 누워 봐."

그의 말에 나는 두 팔을 벌려 은행잎 위에 몸을 맡겼다. 하늘을 올려다 보니, 가을바람에 흔들리며 나무에서 떨어지는 은행잎이 가을비처럼 내리고 있었다. 그 순간, 나는 가을의 사랑 속으로 빠져든 듯한 기분을 느꼈다. 노란 잎들이 나를 감싸며 바람과 함께 춤추고, 가을의 향기가 깊이 스며드는 듯했다. 의도치 않게 찾아낸 이 아름다운 은행나무가 우리에게 잊지 못할 추억을 선물해주었다.

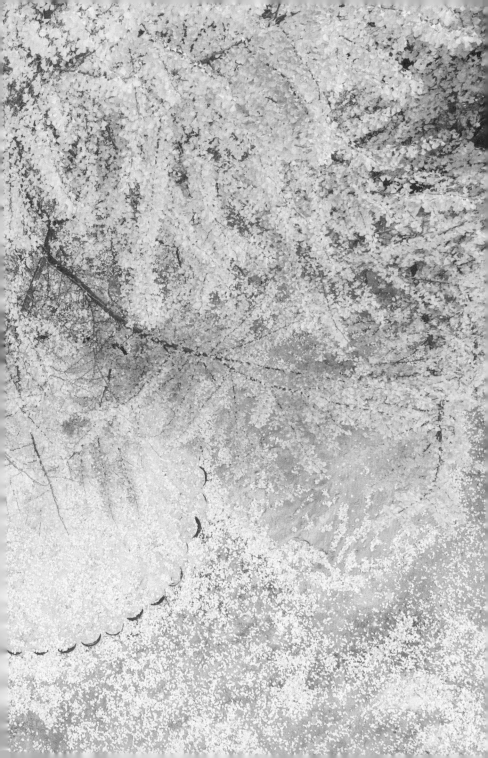

가을의 숨겨진 보물을 발견하는 곳

전북 정읍 내장산 단풍

단풍철이 되면 사람들이 가장 많이 찾는 산, 그 명성에 걸맞은 아름다움을 지닌 곳이 바로 내장산이다. 내장산은 이름부터가 매력적이다. '산속에 무궁무진한 보물이 숨겨져 있다'는 의미와 '구불구불 이어진 계곡과 산세가 양의 내장처럼 펼쳐져 있다'는 의미를 동시에 품고 있는 산.

내장산은 그 산세 덕분에 역사적으로도 중요한 보물을 지켜낸 곳이다. 임진왜란 당시, 불길에 휩싸인 사고(史庫)들 중, 마지막으로 남은 『조선왕조실록』과 조선 태조의 영정이 내장산의 용굴암에 은밀하게 숨겨져 보존될 수 있었다. '숨겨진 보물'을 뜻하는 내장산이라는 이름이 참 잘 어울린다는 생각이 든다. 이렇게 역사의 소중한 기록을 품은 내장산은 그 자체로도 이미 하나의 보물이었다.

가을이면 내장산은 그 진가를 발휘한다. 내장산은 침엽수가 아닌 활엽수들로 빼곡히 채워져 있어, 단풍이 그 어느 산보다도 화려하고 짙게 물든다. 특히 단풍나무과에 속하는 나무들이 많아 가을이 오면 내장산은

색의 향연으로 물든다. 산의 구석구석을 가득 채운 이 11종의 단풍나무들이 만들어내는 가을 풍경은 그야말로 장관이다.

내가 가장 좋아하는 내장산의 풍경은 일주문에서 내장사까지 이어진 단풍 터널이다. 이 길에는 무려 108그루의 단풍나무가 줄지어 서 있는데, 이 숫자는 불교에서 말하는 백팔번뇌를 상징한다고 한다. 이 길을 따라 걸을 때마다 나도 모르게 마음속 번뇌를 하나씩 내려놓는 기분이 든다. 단풍이 물든 이 터널 속을 걷는 동안, 내 마음도 알록달록한 빛으로 천천히 물들어간다.

내장산을 찾을 때면, 꼭 케이블카를 탄다. 케이블카에 오르면 단풍으로 물든 산이 발아래로 한눈에 펼쳐진다. 그 광경은 단풍의 바다 위를 떠다니는 듯한 느낌을 준다. 내장산은 단풍의 화려함뿐만 아니라, 고즈넉한 사찰과 한옥들이 함께 어우러져 자연과 문화, 역사를 한 자리에서 만날 수 있는 특별한 곳이다. 단풍이 물든 산을 천천히 걸으며 가을을 만끽하다 보면 마음도 저 홀로 깊어진다.

도솔천을 따라 흐르는 가을

전북 고창 선운사 　　　　　　　　　　　단풍

가을의 선운사는 시간이 멈춘 듯 고요하면서도 화려했다. 입구에서부터 도솔천을 따라 천천히 걷기 시작했다. 도솔천은 선운사를 품고 흐르는 작은 물길이지만, 그 길을 걷는 순간만큼은 천천히 흘러가는 강처럼 느껴졌다. 발길을 옮길 때마다 주변의 단풍들이 우리를 감싸 안는 듯했다. 빨강, 주황, 노랑으로 물든 단풍잎들은 나뭇가지마다 화려한 색채를 입고, 그 아래로는 잔잔히 흐르는 도솔천에 그 모든 풍경이 반영되어 비추었다. 가을바람이 불 때마다 나무 위의 단풍잎들이 물 위로 사뿐히 떨어졌다. 한 걸음 한 걸음 걸을 때마다 우리는 가을의 색채와 소리를 온몸

으로 느끼며, 자연의 속삭임에 마음이 차분해졌다. 가을의 선운사에서 만난 풍경은 자연의 아름다움이 얼마나 깊고 풍요로운지를 다시금 느끼게 해주었다.

11월

November

모노레일은 가을 숲을 달리는
귀여운 장수풍뎅이 같다.

경기 광주 화담숲   단풍

"나 드디어 티켓팅 성공했어. 역시 하고자 하면 못할 게 없지."

가을이 오면 화담숲 입장권을 구하는 것은 전쟁과도 같다. 하지만 매년 화담숲을 방문하는 나에게는 하나의 비법이 있다. 바로 취소 티켓을 노리는 것. 화담숲은 24시간 전까지 무료취소가 되기 때문에, 출발 하루 전날이 되면 취소 티켓이 쏟아진다. 나는 그때를 기다려 짧게는 몇 분, 길게는 몇십 분 동안 무한 새로고침의 기회를 노린다.

이렇게까지 치열하게 티켓팅을 하는 이유는, 화담숲에서만 만날 수 있는 가을의 가장 곱고 아름다운 단풍 때문이다. 동네에서도 단풍은 많지만, 화담숲의 단풍은 그 특별함이 다르다. 여유롭게 자연을 만끽할 수 있다는 점도 매력적이다. 한정된 인원만 입장이 가능하니, 붐비는 걱정 없이 가을의 정취를 느낄 수 있다.

화담숲에 도착해 입구를 들어서면 가장 먼저 나를 반기는 것은 '천년 단풍'이다. 수령이 오래된 은행나무는 많이 볼 수 있지만, 200년 이상 된

단풍나무는 귀하다. 나의 마음을 사로잡은 곳은 조금 더 안쪽, 연못과 한옥이 단풍과 함께 어우러지는 장소이다. 이곳에 서서 가을의 풍경을 내려다보면 그야말로 신선놀음을 하는 기분이다.

숲길을 따라 걷다 보면 '약속의 다리'라고 불리는 하트 모양 조형물이 보인다. 여기서 화담숲을 가로지르는 모노레일을 볼 수 있다. 이 모노레일은 가을 숲을 달리는 귀여운 장수풍뎅이 같다. 가을을 향해 달려가는 모노레일을 보니 반가워 손을 흔드니, 모노레일 안에 있던 사람들도 환한 미소를 지으며 손을 흔들어 주었다. 발그레한 단풍잎처럼, 미소를 띤 사람들의 얼굴은 그 어느 때보다 밝고 따뜻했다.

화담숲은 그 이름처럼 '정답게 이야기를 나누며 걷는 숲'이다. 걸음을 옮길 때마다 발밑으로 낙엽이 바스락거리고, 그 위로 떨어지는 단풍잎이 가을의 속삭임처럼 내게 말을 건네는 듯했다. 가을빛이 가득한 나무 아래를 걷는 발걸음이 가벼워진다. 바람에 흔들리는 나뭇잎 소리와 그 아래를 걷는 사람들의 웃음소리, 그리고 그 속에서 느껴지는 가을의 온기, 이 모든 것들이 어우러져 화담숲의 가을이 완성되었다.

경기 여주 강천섬   은행나무

높고 푸른 하늘 아래 따사로운 햇살이 스며들고, 선선한 바람이 불어 오는 가을날. 은행나무들이 황금빛 물결을 이루는 강천섬에 도착했다. 주차장에서 한참을 걸어 도착한 은행나무 길은 가을이 선물하는 금빛 카펫 같았다. 남편과 함께 은행나무 아래에서 가을 피크닉을 즐기기 위해 이곳으로 왔다. 키가 하늘을 찌를 듯한 은행나무 두 그루를 배경으로 잔디밭에 피크닉 매트를 펼치고, 라탄 바구니에서 간식을 꺼냈다. 저 멀리에서는 아이들과 강아지가 뛰놀고, 캠핑 의자에 편안히 앉아있는 사람들도 보였다. 주변은 평화로움과 여유로 가득차 있었다. 문득, 하늘색으로 옷을 맞춰 입은 커플이 눈에 들어왔다. 그들이 피크닉을 즐기는 모습은 동화 속 주인공들 같았다. 예쁜 소품들로 꾸민 감성 피크닉이 그들의 모습과 어우러져 더욱 빛났다. 흐뭇한 미소를 지으며 바라보고 있는데, 옆모습이 어딘가 낯익었다.

"저기 커플 아는 사람 같아. 나 한번 가까이 가서 확인하고 올게."

조심스레 다가가자, 내가 예상한 대로 그 사람, 정빈이였다.

"정빈아!! 예뻐서 한참 보고 있다가 혹시나 했는데, 진짜 너였네."

"선영 언니!! 여기서 만나다니 진짜 신기하다. 누구랑 왔어?"

"나? 남편이랑 같이 왔지. 정말 여기서 만날 줄이야."

평소 함께 여행을 많이 다니는 우리가, 약속하지 않았는데도 우연히 만나니 더욱 반가웠다.

"내가 두 사람 피크닉 하는 모습 사진 찍어줄까?"

"정말? 삼각대로 사진 찍으려니 쉽지 않았는데 고마워, 언니."

나는 즐겁게 그들의 모습을 카메라에 담았고, 덕분에 우리 부부의 사진도 함께 남길 수 있었다. 사진을 찍으며 가을 피크닉의 여유로운 분위기를 만끽하고 있는데, 문득 가을이 되면 찍어보고 싶었던 재밌는 사진이 떠올랐다. 주변에 떨어져 있는 은행잎 중 가장 예쁜 것을 하나 주워들었다. 초광각렌즈(0.5X)를 활용해 은행잎을 렌즈 가까이에 대고 인물과 함께 촬영하면, 사람이 은행잎만큼 작아 보인다. 이때 팔을 쭉 뻗으면 가을 요정이 되어 은행잎을 잡고 날아가는 듯한 귀여운 인생사진이 탄생한다. 우리는 이 재밌는 사진 놀이에 빠져, 가을날의 즐거움을 만끽했다.

강천섬은 자연이 만들어낸 거대한 무대 같았다. 10년 전만 해도 강물이 불어나야만 섬이 되었던 이곳은, 4대강 사업으로 이제는 많은 사람이 찾는 아름다운 섬으로 변모했다. 축구장 80개 크기나 될 정도로 넓은 이섬은, 가을 피크닉을 즐기기에 완벽한 장소였다. 끝없이 펼쳐진 넓은 들판과 드넓은 하늘, 그리고 은행나무가 만들어내는 황금빛 세상이 우리를 감싸고 있었다.

서울 명륜당   은행나무

성균관 명륜당에는 무려 400년의 세월을 견디며 살아남은 커다란 은행나무가 있다. 임진왜란 때 명륜당이 불타버렸음에도, 이 은행나무는 상처 없이 멀쩡하게 살아남았다고 한다. 나무 겉껍질 아래에 있는 코르크층이 불에 강한 내성을 지니고 있었던 것이다. 그때부터 명륜당의 은행나무가 더 궁금해졌고, 직접 가서 그 기운을 느껴보고 싶었다. 문득, 작년 정빈이가 이곳에서 찍은 사진이 떠올라 그녀에게 연락했다.

"언니, 명륜당을 한 번도 안 가봤다구? 그동안 여행 많이 다녀서 당연히 가봤을 줄 알았는데 의외네. 다음 주쯤에 은행잎도 예쁘게 물들 거 같은데 우리 같이 갈까?"

"나 아직 서울에는 못 가본 곳이 많아. 이제 천천히 다녀보려구. 작년에 다녀왔었는데 또 가도 괜찮아?!"

"물론이지! 나는 또 가도 좋아!"

전날에 비 소식이 있었던지라 우산을 챙겨 나섰는데, 아침이 되자 갑

자기 날씨가 화창하게 바뀌었다.

"역시 선샤인이다! 어제까지 비 온다고 했는데, 이렇게 화창해지다니! 난 혹시 몰라서 우산 가져왔잖아."

"다행이네. 근데 여기가 이렇게 한적한 곳 맞아? 사람 많은 줄 알았는데 왜 이렇게 조용하지?"

"원래 인기 많은 곳인데, 비 소식 때문에 사람들이 안 왔나 봐. 이렇게 조용한 명륜당은 나도 처음이야."

"우리 정말 눈치싸움 잘했나 봐!"

서울에서 유명한 곳은 항상 사람이 많을 거라는 예상과 달리, 오늘의 명륜당은 한적하고 고요했다. 비 예보 때문인지, 아니면 평일 아침이라 그런 건지, 우리는 운 좋게 여유롭게 즐길 수 있었다. 사진에서 보던 것보다 훨씬 더 웅장한 은행나무가 눈앞에 서 있었다. 나무를 보호하기 위한 울타리가 둘러쳐져 있었고, 무거운 나뭇가지들은 기둥으로 받쳐져 있었다. 한 바퀴를 둘러보려면 천천히 걸어도 5분은 걸릴 듯했다. 400년의 시간이 이 나무에 고스란히 새겨져 있는 듯했다. 은행나무 아래에 떨어진 노란 은행잎을 보자 한 가지 아이디어가 떠올랐다.

"우산에 은행잎 담고, 은행잎 비 내리는 장면 찍어볼까?"

"좋아! 나도 우산 들고 오면서 그런 생각했는데! 역시 역시!"

평범하게 찍는 사진도 좋지만, 소품을 활용하면 더 기발하고 재밌는 사진을 찍을 수 있다. 우산에 은행잎을 가득 담고, 우산을 활짝 펼쳐 손을 뻗었다. 우산에서 은행잎들이 비처럼 쏟아졌다. 햇살을 받은 은행잎이 반짝이며 핑그르르 떨어졌다. 은행잎들이 나에게 인사를 건네는 듯했다.

제주 감따남   감귤

"우리 이번에 감귤따기 체험해보는 건 어때? 귤 따면서 무제한으로 귤도 먹을 수 있대."

"정말? 그러다가 나 거기 있는 귤 다 먹으면 어쩌지. 나 완전 과일 킬러잖아."

결혼 1주년 기념으로 제주 여행을 계획하며 특별한 체험을 해보고 싶었다. 그중 하나가 바로 감귤따기 체험. 우리는 주황색 감귤 모자를 준비했다. 살짝 유치해 보일 수도 있지만, 감귤 모자를 쓰고 함께 감귤을 따면 더 즐거운 추억이 될 것 같았다.

우리가 감귤따기 하러 간 곳은 '감따남' 카페였다. 이곳은 제주를 상징하는 돌담에 노란 카라반, 곳곳에 놓인 귤 상자까지 감성적인 포토존으로 유명했다. 10월부터는 농장에서 직접 감귤을 따는 체험도 가능해 많은 사람에게 인기가 있었다.

감귤을 담을 수 있는 바구니 크기에 따라 가격이 달라지고, 체험할 때

는 가위와 목장갑은 인원수대로 대여해 주었다. 감귤을 따기 위해서는 가위를 사용해 나무를 상하지 않도록 섬세하게 귤을 잘라주어야 했다. 농약을 치지 않았기 때문에 체험 중에도 자유롭게 귤을 먹을 수 있다는 설명을 듣고, 우리는 눈을 마주치며 씨익 웃었다.

"재밌겠다! 일단 귤로 배를 먼저 채우고 시작해볼까?"

우리는 무제한 귤 뷔페에 온 것처럼 신이 났다. 감귤밭은 제주의 햇살을 듬뿍 받으며 자란 감귤나무들로 가득했다. 감귤나무 사이로 제주의 바람이 시원하게 불어오고, 그 속에서 주렁주렁 매달린 주황빛 감귤들이 탐스럽게 흔들리고 있었다. 나무마다 가지가 무거울 정도로 풍성하게 열린 감귤들은 햇빛을 받아 더욱 윤기 있고 영롱해 보였다. 감귤의 향긋한 냄새가 귤밭을 가득 채우고 있었다. 그중에서 탐스럽게 달린 감귤 하나를 골라 장갑을 벗고 껍질을 조심스럽게 까서 한 입 베어 물었다. 상큼하고 달콤한 감귤의 맛이 입안에 퍼지며 신선한 귤의 풍미가 더 살아났다. 또 한 개를 땄다. 감귤밭 한가운데에서 신선한 감귤을 바로 따서 먹으니 그 맛은 특별했다.

"진짜 달다!"

귤의 풍부한 과즙과 진한 향기가 입안을 가득 채웠다. 바다에서 직접 고기를 잡아 배 위에서 회를 떠먹는 것처럼, 나무에서 바로 따서 먹는 귤은 더욱 신선하고 맛있게 느껴졌다.

잠시 귤로 배를 채운 후, 본격적으로 감귤을 따기 시작했다. 탐스럽고 윤기 나는 감귤을 골라, 왼손으로 살짝 잡고 가위를 이용해 꼭지 가까이서 조심스럽게 잘랐다. 손바닥에 톡 하고 떨어지는 귤을 바구니에 담으며 수확의 기쁨을 느꼈다. 이내 주황빛 감귤들은 바구니를 가득 채웠고, 그 풍성한 바구니는 자연이 선물해 준 보물 같았다. 제주의 빛과 바람을 이겨낸 감귤에는 제주가 담겨 있었다.

울산 명촌교 물억새

10년이 넘도록 매일 같은 길을 출퇴근하는 엄마. 그 길에는 언제나 명촌교가 있다. 가을이 되면 울산 명촌교 주변은 은백색 억새로 가득 차서 넘실댄다. 억새를 좋아하는 나를 위해, 엄마는 매년 실시간으로 개화 소식을 전해준다. 이번에도 엄마가 알려준 억새밭의 만개 소식에 나는 데이트 신청을 했다. 집에서 보내는 시간을 좋아하는 엄마지만, 나와의 데이트는 언제나 기다렸다는 듯 흔쾌히 수락해준다.

명천교 일대에는 물억새가 피어있다. 예전엔 갈대와 억새를 구분하기 힘들었다. 둘 다 비슷한 시기에 피고, 언뜻 보면 생김새도 비슷하다. 가장 쉽게 구분하는 방법은 서식지이다. 갈대는 물가나 습지에서 무리 지어 자라고, 억새는 산이나 들의 건조한 곳에서 자란다. 그중에서도 물가에서 자라는 억새가 바로 물억새다. 명촌교의 물억새는 은백색으로 빛나며, 강가의 바람을 맞으며 유유히 흔들린다. 물억새는 척박한 환경에서도 잘 자란다. 기후 위기가 심각해지면서, 많은 양의 탄소를 저장하는 억

새는 요즘 주목받는 유망한 식물이 되었다. 그중에서도 물억새는 탄소 저장과 물 정화 능력이 특히 뛰어나, 그 아름다운 풍경만큼이나 환경을 살리는 데도 중요한 역할을 하고 있다.

낮에는 은백색으로 빛나던 억새가 해가 지면서 황금빛을 머금기 시작했다. 바람에 나풀나풀 흔들리는 물억새들은 남빛 파도를 이루듯 눈앞에서 춤을 췄다.

"멀리서만 보다가 이렇게 가까이에서 보니 더 멋지다."

엄마는 처음으로 억새밭 안에 직접 들어왔다며 감탄했다. 평소 여행을 잘 다니지 않는 편이라, 앞으로는 더 자주 모시고 다녀야겠다는 생각이 들었다. 억새밭에 서 있는 엄마를 바라보니, 문득 엄마가 물억새를 닮았다는 생각이 들었다. 겉보기엔 여리고 약해 보이지만, 어떤 시련에도 유

연하게 잘 극복해내고 꺾이지 않는 그 강인함. 엄마의 강인함은 어디에
서 온 것일까. 부모가 된다는 것은 얼마나 큰마음일까. 비록 모든 것을
다 헤아릴 순 없지만, 엄마가 내게 보내준 응원과 사랑이 얼마나 큰 힘이
되었는지 엄마는 알고 있을까. 자식을 향한 끝없는 사랑, 한결같은 마음
은 언제나 나의 삶을 지탱해주었다. 언젠가 나도 부모가 된다면, 엄마처
럼 강인하면서도 따뜻한 부모가 되고 싶다는 마음이 들었다.

　엄마의 사랑이 물억새의 잔잔한 빛처럼 나의 마음속에 스며들어 따뜻
하게 자리 잡는다. 나를 향한 엄마의 사랑과 엄마를 향한 나의 사랑이 억
새밭을 가로질러 서로의 마음에 닿고 있었다.

단풍을 즐기는 특별한 방법

경북 경주 대릉원   낙엽

친구들과 함께 단풍놀이를 계획하며 갈색 의상을 테마로 정했다. 우리는 이 테마에 '어텀브라운'이라는 이름도 붙였다. 가을의 따스한 분위기와 옷차림이 어우러져 우리의 여행을 한층 특별하게 만들어 주었다.

경주 대릉원에 도착했다. 우리는 수북이 쌓인 낙엽 위에 누워 하늘을 바라보며 한껏 가을을 만끽했다.

"나 오늘 단풍 그림 그려왔는데, 이거 같이 찍어볼까?"

복고풍언니가 말했다. 그녀는 커다란 단풍 그림과 함께 팔레트와 붓도 챙겨왔다. 그 순간, 재미있는 아이디어가 떠올랐다. 하늘을 향해 붓을 들고 가을 하늘을 색칠하는 장면을 연출했다. 한 손에는 붓을, 다른 한 손에는 팔레트를 든 우리는 바람에 흔들리는 단풍 아래에서 단풍의 한 조각이 된 듯했다. 함께하는 친구들과 계절을 온전히 느끼며 웃고 떠드는 순간들이 주는 행복. 웃음과 따뜻한 추억을 사진 속에 담았다. 가을의 바람과 햇살, 그리고 마음 맞는 사람들과 함께한 시간이 가을의 행복을 더했다.

경북 경주 보문단지 단풍

"니가 하고 싶은 거 있으면 엄마가 힘닿는 데까지 도와줄게."

엄마의 말은 언제나 내게 큰 힘이 되었다. 사진작가로 일하기 시작한 이후, 엄마는 늘 매니저를 자처하며 든든한 지원군이 되어주었다. 촬영 장소까지 데려다주고, 무거운 장비도 함께 들어주며 항상 내 옆을 지켜 주었다. 촬영 중에는 긴장한 고객들에게 웃음을 주기도 하고, 또래 부모 님과는 친구처럼 다정하게 대화를 나누며 촬영장 분위기를 편안하게 만 들어 주었다. 덕분에 고객님들로부터 "어머니 덕분에 편하게 촬영할 수 있었다"는 감사의 말을 자주 들었다. 촬영이 끝나면 고마운 마음을 담아 용돈도 드렸다.

"엄마, 나 경주에 스냅 촬영이 있는데 시간 돼?"

"응, 그럼. 내가 운전해줄게. 같이 가자."

경주의 가을은 단풍이 곱게 물들어 있었다. 단풍을 배경으로 엄마의 얼굴이 환하게 빛났다. 카메라 너머로 엄마의 미소를 포착할 때마다, 그

순간들이 내 마음속에 소중히 새겨졌다.

"사진 잘 찍는 딸 덕분에 이렇게 예쁜 사진도 받아보네. 고맙다."

엄마는 사진을 받을 때마다 프로필 사진을 바꾸며 기분 좋은 미소를 지었다. 그럴 때마다 내가 엄마에게 줄 수 있는 가장 소중한 선물이 무엇인지 깨닫게 된다. 엄마의 모습을 사진 속에 담는 이 순간이 나에게 가장 큰 행복이다.

바다가 건네준 위로

제주 닭머르   억새

해가 서서히 저물어갈 무렵, 제주에 사는 친구와 함께 닭머르 해안길로 향했다. 가을의 닭머르 해안길은 억새들이 은빛 물결을 이루고 있었다. 이곳은 제주올레 18코스에 속하지만, 아직 많은 사람에게 잘 알려지지 않은 숨은 명소라고 했다. 닭이 흙을 파헤치고 앉은 모습과 닮아 '닭머르'라 불리는 바위가 이곳의 이름을 지키고 서 있었다.

닭머르 해안길은 약 1.8km 남짓한 평탄한 산책로로, 길을 따라 걸으면 억새들 사이로 팔각정이 모습을 드러낸다. 팔각정에 올라서면 끝없이 이어지는 수평선과 그 너머로 펼쳐진 바다가 파노라마처럼 눈앞에 가득 찬다. 화산암 지대가 바다를 감싸고 있어 이곳만의 독특한 매력을 더한다. 바람은 억새밭을 스치며 억새들을 춤추게 하고, 높은 파도가 더욱 역동적인 풍경을 만들어낸다.

"오늘은 바람이 많이 불어서 그런지, 파도가 더 힘차게 보이네. 풍경이 정말 장관이야."

세찬 바람이 내 안의 근심과 걱정을 하나씩 걷어가는 듯했다. 바람이 스칠 때마다 머릿속을 어지럽히던 생각들이 서서히 사라지고, 마음은 점점 더 가벼워졌다. 바다와 억새, 그리고 바람이 어우러진 그 순간은, 자연이 내게 건네는 위로였다.

12월

December

내 꿈은 80살이 되어도

카메라를 들고

세상을 탐험하며, 사진 놀이를 하는

유쾌한 할머니가 되는 것.

경남 통영 달아항 일몰

직장인 기타 모임에서 친해진 친구들과 통영 여행을 왔다. 케이블카를 타고 미륵산을 다녀오고, 동피랑 마을도 다녀왔다. 돌아오는 길에는 조금 아쉬워 일몰까지 보기로 했다. 갑작스레 일몰 장소를 고민하던 중, 통영 여행을 자주 하는 마실오빠에게 전화를 걸어 추천을 받기로 했다.

"유명한 곳은 달아공원이지만, 나는 달아항을 더 좋아해."

그의 말에 우리는 그 길로 달아항으로 향했다. 달아항은 작은 어선들이 정박해 있는 고요한 어촌 마을이었다. 어선들 뒤로 방파제가 멀리 보였다.

"너희는 저 방파제 위에서 일몰을 편하게 감상하면 돼. 내가 여기에서 사진 예쁘게 담아줄게."

"정말? 이런 경험은 처음이네. 기대된다!"

해가 서쪽으로 기울기 시작하면서 하늘은 점점 붉게 물들어갔다. 멀리서 신나 보이는 친구들의 실루엣이 보였다. 친구들은 나를 향해 온몸으

로 손을 흔들며 인사를 했다. 멀리서도 그녀들의 웃음소리가 들려왔다. 붉고 커다란 해가 천천히 수평선 아래로 내려갔다. 어둠이 내려오기 직전, 태양은 마지막 힘을 다해 바다를 붉게 물들였다. 일몰과 바다, 그리고 친구들 실루엣까지 아름다운 조화였다.

80살에도 사진 찍는 할머니가 되고 싶어

경남 통영 ES 리조트　　　　　　　　　　　　　　일몰

달아항에서 해넘이를 보고 나서 차로 10분 거리에 있는 ES 리조트로 향했다. 해는 이미 저물어 하늘에 태양은 보이지 않지만, 여명의 은은한 빛이 하늘을 부드럽게 물들이고 있었다. ES 리조트에 있는 수영장이 관광객에게 개방되어 있었다. 단, 수영은 투숙객만이 가능했다.

수영장에 둥그런 모양으로, 그 주위로 잔잔한 물결이 일렁이고 있었다. 하늘과 수영장의 경계가 사라진 듯, 수면 위에는 하늘의 빛과 주변 풍경이 고스란히 반사되었다. 물 위에 서 있는 듯한 착각을 불러일으키는 장면이었다. 풍경을 제대로 담기 위해서는 물과 거의 같은 높이에서 카메라를 수평으로 맞춰야 했다. 바람이 불 때마다 물결이 일렁였다. 칼같이 선명한 반영을 좋아하는 사람들이 많지만, 나는 물결 속의 미묘한 흔들림에서 바람의 생동감을 느낄 수 있는 장면도 좋아한다.

내게 사진은 놀이와도 같다. 그 순간의 감정을 포착하는 것뿐만 아니라, 렌즈를 통해 새로운 세계를 바라볼 수 있는 창이 열린다. 내 꿈은 80살이 되어도 카메라를 들고 세상을 탐험하며, 사진 놀이를 하는 유쾌한 할머니가 되는 것이다. 사진으로 세상을 바라보는 이 특별한 즐거움은 나에게 끝없는 영감을 준다. 눈으로 보지 못했던 아름다움을 발견하게 하고, 매 순간을 더 특별하게 만들어 준다. 카메라만 있다면 나는 어디서든 시간을 잊고, 마음껏 세상과 놀 수 있다.

전북 고창 구시포 해변 　　　　　　　　　　일몰

　크리스마스에 어디를 갈지 고민이 많았다. 도심 곳곳에서 화려한 크리스마스트리가 반짝였지만, 그 화려함 속에 조금은 피로감이 밀려왔다. 고요하게 해가 지는 바다가 보고 싶었다. 그렇게 선택한 곳은 고창 구시포 해변이었다. 구시포 해변은 넓은 백사장과 그 뒤로 울창한 송림이 펼쳐져 있는 곳으로, 언제 방문해도 마음이 편안해지는 장소였다. 도심보다 자연을 좋아하는 남편은 크리스마스에 고창 여행을 하자는 나의 제안을 흔쾌히 받아들였다.

　"여기 구시포 해변에 오면 꼭 먹어야 하는 게 있어."

　"뭔데? 해산물이야?"

　"여기 앞에 식당마다 백합 칼국수 팔거든. 겨울에 먹으면 국물이 정말 뜨끈하고 맛있어."

　"칼국수라니 좋다. 우리 일몰 보고 나서 먹으러 가자."

　여름이라면 일몰을 보기 전에 저녁을 먹었겠지만, 겨울에는 해가 일찍 지기 때문에 저녁 식사는 일몰을 보고 먹기로 했다. 시간이 흐를수록 해는 점점 낮아지고, 바닷물은 멀어져 갯벌이 드러났다. 물이 빠진 바다에는 반영이 생겼다.

　"지금 갯벌에 반영되는 거 보이지? 우유니 사막 같네. 멋지다!"

　"맞아, 나 사진에서 봤는데 진짜 아름답네. 크리스마스를 이런 곳에서 보내다니 정말 특별하다."

　"그러고 보니 우리 크리스마스 소품도 준비해왔잖아. 지금 꺼내서 써볼까?"

　우리는 가방에서 루돌프 머리띠와 빨간 루돌프 코를 꺼내 썼다. 파도 소리와 함께 고요하게 흘러가는 크리스마스를 맞이했다. 시간이 지나자 하늘이 오렌지빛으로 물들기 시작했다. 하늘과 바다가 맞닿은 수평선 위

꽃길 따라 열두 달 여행

로 태양은 서서히 내려앉았다. 그 순간, 하늘엔 수십 마리의 새들이 날아오르며 황금빛 하늘 위로 그림을 그리듯 줄지어 지나갔다. 바다는 점점 붉게 타오르고, 수평선 아래로 태양이 완전히 내려앉기 직전이었다. 하늘은 불꽃처럼 붉게 빛나며 우리의 시선을 사로잡았다. 하늘과 바다가 마지막 인사를 나누는 그 순간, 서로의 손을 꼭 잡고 그 풍경을 함께 바라보았다.

추운 바닷바람이 불어오자 기온이 갑자기 뚝 떨어졌다. 바다의 차가운 공기가 두 뺨을 스치고, 겨울 바다는 한층 더 고요하게 다가왔다. 물러가는 파도는 찬 바람에 얼어붙은 듯 잠잠해졌고, 어두워진 바다의 차가운 기운이 온몸을 감쌌다. 서로 맞잡은 손에서 온기가 느껴졌다. 한 해를 무사히 보낸 안도감과 다가올 새해에 대한 설렘이 서로의 손끝을 통해 전달되었다. 우리는 해가 수평선 너머로 완전히 사라지자 서로 마주 보며 동시에 외쳤다.

"춥다! 우리 이제 뜨끈한 백합 칼국수 먹으러 가자!"

겨울에 만나는 오색별빛 정원

경기 가평 아침고요수목원   별빛 축제

인도의 시성 타고르가 '고요한 아침의 나라'라고 예찬했던 한국의 미
와 동양적 신비감을 담아 조성된 아침고요수목원. 자연과 어우러진 정원
으로 사계절 각기 다른 매력을 선사한다. 그중에서도 겨울철, 12월부터
시작되는 '오색별빛정원전'은 수목원의 밤을 환하게 밝히는 축제가 펼쳐
진다.

겨울에 꼭 방문하고 싶었던 곳이었다. 낮에는 앙상했던 가지가 처량해
보이기도 했다. 해가 저물자 고요했던 수목원은 하나둘씩 불빛이 켜졌
고, 다채로운 색의 빛들이 겨울밤 정원을 환하게 밝혔다. 정원을 걷는 동
안, 나뭇가지마다 걸린 수천 개의 전구가 별처럼 반짝였다.

"여기 오길 잘했지? 겨울엔 꽃이 많이 없으니깐 별빛 축제 보는 것도
좋다."

겨울의 고요함과 빛의 화려함이 함께 어우러진 이곳에서, 그와 함께
따뜻한 온기를 느낄 수 있었다.

동백꽃 위로 내리는 눈
제주 청초밭

동백

"지금 눈이 엄청 내리고 있어요! 이런 날 동백꽃 보고 싶으면 어디로 가면 좋을까요?"

"안 그래도 눈 엄청 많이 오네요. 우리는 지금 청초밭으로 가는데 여기로 올래요?"

눈 내리는 날 동백꽃을 꼭 보고 싶었다. 동백꽃이 피는 시기가 다 조금씩 달라서 어디로 갈까 고민하던 중, 제주에 사는 지인 부부에게 연락했다. 마침 그들도 동백꽃을 보러 가는 길이라며 청초밭에서 만나기로 했다. 그들은 제주에서 스냅 작가로 활동하는 '양념부부'였다. 나는 직장을 그만두고 본격적으로 스냅 작가로 활동하기로 결심했지만, 마음이 복잡하고 걱정이 많았다. 머릿속을 채운 여러 고민을 내려놓고 싶어, 겨울의 제주로 여행을 떠났다.

"선영 씨는 사진 이야기할 때마다 눈빛이 반짝거려요. 그건 진심에서 나오는 눈빛이에요. 너무 겁먹지 말고 천천히 시작해보세요. 우리가 도

와줄 수 있는 건 도와줄게요."

그들은 스냅 작가로서 꼭 알아야 할 것들, 자신의 경험에서 얻은 중요한 팁을 아낌없이 나누어 주었다. 그리고 나의 걱정을 읽은 그들은 따뜻한 조언도 덧붙였다.

"사진에는 정답이 없잖아요. 하지만 분명한 취향은 있어요. 우리처럼 밝고 따뜻한 사진을 좋아하는 분들은 실제로 그런 성격을 가진 좋은 분들이 많았어요. 아마 앞으로 스냅 작가로 활동하면서 따뜻한 분들을 많이 만나게 될 거예요. 분명 잘할 거예요."

내가 나를 믿지 못했을 때, 그들의 자신들의 안목을 믿으라며 나에게 용기를 주었다. 그들의 말은 길을 잃고 방황하는 나의 마음의 길을 환하게 비춰주는 등대 같았다. 그렇게 자신감을 되찾은 나는 눈이 흩날리는

청초밭에서 그들과 다시 만나게 되었다. 청초밭에 도착하자, 하얀 눈으로 덮인 동백꽃길이 우리를 맞이했다. 동백꽃은 추운 겨울에도 곱고 선명한 붉은 빛을 잃지 않았다. 겹겹이 포개진 동그란 꽃잎은 비단처럼 부드러웠고, 눈송이가 그 위에 내려앉아 붉은 빛깔이 더욱 선명해졌다. 눈송이와 붉은 꽃이 어우러진 이 풍경은 내가 꿈꾸었던 겨울 제주 여행의 한 장면이었다.

그 순간 눈길 위로 두 사람이 걸어오는 모습이 눈에 들어왔다. 녹색 코트에 붉은 치마를, 갈색 재킷에 카키색 바지를 입고 있는 모습이 동백나무와 닮아 있었다. 다른 사람들의 아름다운 순간을 많이 남겨주는 스냅 작가들이지만, 정작 자신의 모습을 많이 남기지 못할 때가 많다. 그래서 이 순간 눈 내리는 동백나무 꽃길 풍경 속에서, 그들이 모습을 꼭 사진으로 담아주고 싶었다. 카메라 앞에서 나를 향해 환하게 웃어주는 그들의 보니 나도 저절로 미소가 지어졌다. 그들의 따뜻한 마음 덕분에 이제 홀로서기가 이제는 두렵지 않아졌다.

꽃을 피우기에 늦은 때는 없다

여행은 나에게 더 넓은 세상과 깊은 마음의 땅을 선물해주었다. 이제 그 땅에 심어둔 씨앗들이 하나씩 싹을 틔우고 있다. 30대가 지나 새로운 분야에 도전해야겠다고 결심했을 때 기대되는 한편 걱정도 되었다. 직장을 벗어나 내가 잘할 수 있을지. 이게 올바른 선택이 맞을지. 하지만 이제는 확신한다. 가슴 뛰게 좋아하는 일을 찾는다면, 그때가 언제든 늦은 때란 없다는 것을. 꽃이 피어나는 시기가 제각기 다르듯, 우리도 저마다 알맞은 시기에 꽃을 피운다. 내가 어떤 계절에 꽃을 피울 수 있을지, 어떤 환경에서 가장 잘 살아갈 수 있을지 탐색하고 고민하는 시간들. 그 과정은 더딜 수 있지만, 결코 헛된 것은 아닐 것이다.

책을 쓰며 방황하고 흔들리던 20대부터, 새로운 도전을 시작한 30대까지를 떠올리게 되었다. 그때는 미처 알지 못했던 나의 마음을 다시 들여다볼 수 있는 소중한 시간이 되었다. 지금도 여전히 즉흥적이고 변덕스러워 어디로 튈지 모르는 나 자신이 감당되지 않을 때가 있다. 때로는 과한 열정으로 스스로를 지치게 하기도 하고, 시행착오를 겪는 과정에서 시간과 에너지를 많이 써서 힘들기도 했다. 이제는 수많은 도전과 실패의 경험이 나를 성장시켜준 소중한 자양분이었다는 것을 안다.

이 책을 완성하는 여정에서 감사 인사를 전하고 싶은 이들이 있다. 나의 단짝 꽃놀이 메이트로 그림과 함께 여행하는 즐거움을 알게 해준 복고풍언니. 꽃길을 함께 걸으며 행복한 추억을 만들어 준 영은언니, 정빈이, 미리언니, 제제언니. 새벽부터 밤까지 열정적으로 스파르타 여행을 함께해준 현민이, 태현오빠, 준우오빠. 그리고 그동안 여행을 함께해준 모든 친구에게도 감사의 마음을 보낸다. 선샤인 플래너를 시작할 수 있게 응원해준 호이언니와 진심 어린 손편지를 보내준 여행자들. 사진작가로 성장할 수 있도록 도와주고 용기를 준 마실오빠, 켈리앤수 작가, 양념부부. 기쁜 날, 의미 있는 날을 함께하며 인연이 된 스냅 고객님들에게도 감사하고 싶다. 인생의 동반자로 꿈을 함께 이루어 나가자던 남편. 퇴근 후 나의 원고를 읽으며 피드백을 해준 덕분에 글을 쓰고 수정해나가는 과정에 큰 힘이 되었다. 평소 무뚝뚝한 딸로 마음을 잘 표현하지 못하지만, 언제나 묵묵히 나를 믿고 지지해주시는 부모님께도 언제나 사랑하고 감사하다는 마음을 전하고 싶다. 마지막으로 첫 책을 낼 수 있도록 아낌없는 지지와 격려를 보내준 에린쌤과 도서출판 푸른향기에 특히 더 감사한 마음을 전하고 싶다. 모두의 따뜻한 마음과 격려 덕분에 새로운 도전을 할 수 있었다.

좌충우돌했던 나의 이야기가 이 책을 읽은 당신에게 희망의 씨앗이 되기를, 그리고 그 씨앗이 당신의 인생에도 아름다운 꽃을 피울 수 있는 힘이 되기를 소망한다.

작가가 추천하는 국내 꽃 여행지

매화(2-3월)	순천 향매실마을, 기장 매화원, 해남 보해매실농원, 청계천 하동 매화거리
산수유(3-4월)	제천 상천 산수유마을, 봉화 띠띠미마을 산수유, 의성 화전리 산수유마을, 양평 산수유마을
개나리(3-4월)	목포 유달산 일주도로, 청주 무심천 개나리, 대전 반석천, 인천 청라호수공원, 제주 한라수목원, 진주 경남수목원
수선화(3-4월)	아산 피나클랜드, 부산 오륙도 해맞이공원, 신안 선도 수선화축제, 홍성 거북이마을, 거제 양지암 조각공원, 구례 지리산 치즈랜드, 신안군 선도, 제주 한림공원, 태안 네이처월드
진달래(3-4월)	밀양 종남산, 창원 천주산, 인천 계양산, 강화 고려산, 동두천 소요산, 가평 명지산, 춘천 오봉산, 홍천 가리산, 영수 영취산, 장흥 천관산, 강진 주작산. 대구 비슬산. 창녕 화왕산
목련(3-4월)	경주 오릉, 부산 성암사, 대구 청라언덕, 대전 자운대 목련꽃길, 김해 홍동 목련숲, 안동 한국생명과학고등학교, 수원시립중앙도서관
벚꽃(3-4월)	제주 예리생태공원, 하동 쌍계사 십리벚꽃길, 남해 왕지마을, 강릉 경포호 벚꽃길, 잠실 석촌호수, 대전 현충원, 제천 청풍호, 청주 무심천, 울산 무거천, 부산 황령사
유채꽃(3-5월)	서울 창릉천 유채꽃, 구리 한강시민공원, 한강 서래섬, 제주 유채꽃 프라자, 제주 엉덩물계곡, 남해 두모마을, 나주 영산강 체육공

	원, 부산 대저생태공원, 청산도, 아산 곡교천, 삼척 맹방 유채꽃마을, 대구 하중도 유채꽃 단지
튤립(4-5월)	서대문 연희숲속쉼터, 평택시 농업생태원, 남해 장평저수지, 신안 임자면 튤립축제, 용인에버랜드, 안면도 코리아플라워파크, 대구 옥연지 송해공원. 제주 보롬왓
철쭉(4-5월)	남양주 서리산, 가평 연인산, 장흥 제암산, 고창읍성, 장수 봉화산 철쭉군락지, 광양 백운산 국사봉, 정선 두위봉 철쭉제, 단양 소백산 철쭉, 청주 상당산성 철쭉공원
겹벚꽃(4월)	사천 청룡사, 순천 선암사, 용인 은성사, 보라매공원, 미사경정공원, 경희대 국제캠퍼스
청보리(4월)	군산 옥녀교차로, 경주 분황사, 김해 조만강생태체육공원, 제주 우도, 연천 호로고루, 보령 천북 청보리밭
등나무꽃(4-5월)	공주 동학사, 남해 냉천갯벌체험장, 남원 서도역폐역, 청양 농업기술원구기자연구소, 여수 애양병원, 부산 남천녹차팥빙수, 광양 물향기쉼터
작약(5월)	고흥 작약꽃밭, 임실 옥정호, 의성 조문국사적지, 경주 도봉서당, 논산 탑정호수변생태공원, 대전 한밭수목원, 홍천 수타사, 영천 보현산약초식물원, 함안 칠서생태공원
장미(5-6월)	서울 중랑장미공원, 포항 영일대, 울산대공원 장미원, 인천 장미근린공원, 진해 보타닉 뮤지엄, 부산 화명동 장미원, 대구 그린웨이. 부산 구목정공원, 안성 죽산순교성지, 오산 고인돌공원
양귀비(5월)	시흥 배곧생명공원, 양산 황산공원, 공주 금강신관공원, 남양주 물의정원, 원주 용수골양귀비꽃축제, 경주 첨성대, 서울 올림픽공원, 함안 악양생태공원
수레국화(5월)	부안 파랏곳간, 화순 남상공원, 철원 고석정꽃밭, 남양주 삼패시민한강공원, 경주 승마장, 고령 어북실, 음성 웅천근린공원, 전주

자연생태체험학습원

이팝나무(5월)	밀양 위양지, 경주 오릉, 대구 교향리 이팝나무군락지, 전주 수목원, 대구 해맞이공원, 부산 증산공원, 경주 옥산서원, 서울 국립현충원, 서울 을지로 가로수길
샤스타데이지(5-7월)	함안 악양생태공원, 부안 변산마실길, 부천 모네정원, 논산 탑정호, 대구 진밭골, 대구 이현공원. 서산 용장천들, 정선 하이원리조트
수국(6-7월)	광주 율봄식물원, 가평 아침고요수목원, 보성 윤제림, 태안 팜카밀레, 공주 유구색동수국정원, 부산 해운대 달맞이길, 김해 수안마을, 통영 이순신공원, 해남 포레스트수목원
해바라기(7-9월)	제주 항몽유적지, 제주 김경숙 해바라기 농장, 포항 호미곶 해바라기밭, 함안 강주 해바라기 축제, 옥천 동이면 금강 해바라기 단지, 해남 해바라기 농장, 태백 구와우마을, 여주 해바라기 마을
능소화(7-9월)	서울 북촌한옥마을, 서울 뚝섬 한강공원, 수원 봉녕사, 칠곡 매원마을, 부산 월룬사, 화순 만연사, 나주 남파고택, 논산 야화리 솟대마을, 거제 보광사
라벤더(6월)	연천 허브빌리지 라벤더축제, 포천 허브아일랜드 라벤더 축제, 고성 하늬라벤더팜, 광양 사라실 라벤더팜, 거창 허브빌리지, 울산 장생포 고래문화마을
배롱나무(7-9월)	담양 명옥헌, 논산 종학당, 안동 병산서원, 강릉 허균허난설헌 기념공원, 수원 효원공원 월화원, 서울 덕수궁
맥문동(7월-8월)	구미 금오산, 영천 오리장림, 수원 노송지대, 서천 장항송림산림욕장, 담양 메타세콰이어길, 순창 메타세콰이어길, 나주 산림자원연구소
연꽃(7-8월)	전주 덕진공원, 화천 서오리지 연꽃단지, 의왕 왕송연꽃습지, 용인 내동마을 연꽃단지, 강릉 가시연습지, 양평 세미원, 함안 연꽃테마파크, 진주 강주연못, 밀양 연꽃단지, 창녕 우포가시연꽃마을

꽃무릇(9-10월)	영광 불갑사, 함평 용천사, 고창 선운사, 서울 하늘공원, 거창 갈계숲, 서울 길상사, 보령 성주산 자연휴양림
메밀꽃(9-10월)	평창 봉평 백옥포마을, 제주 와흘메밀마을, 하동 북천 메밀꽃축제, 보은 구병리마을, 청주 추정리 메밀밭, 김해 은하사, 횡성 버덩말 경관농업단지
코스모스(6-10월)	영종도 하늘공원, 연천 임진강, 철원 고석정 코스모스십리길, 곡성 섬진강 기차마을, 예산 아그로랜드 태신목장, 진안 반월재
은행나무(10월)	경주 운곡서원, 인제 방태산, 양평 용문사, 가평 남이섬 은행나무길, 거창 의동마을 은행나무길, 고령 은행나무숲, 나주 남평 은행나무길
단풍(10-11월)	논산 온빛자연휴양림, 장태산, 제천 배론성지, 단양 보발재, 함양 지리산, 장성 백양사, 순창 강천산, 인제 비밀의 정원, 제천 옥순봉, 구례 지리산 피아골, 여수 자산공원
구절초(9월-10월)	정읍 구절초테마공원, 밀양 삼문동 송림공원, 세종 영평사, 홍성 솔바람 테마파크, 산청 무릉교, 대구 달성습지 생태학습관
천일홍(9월-10월)	수원 탑동시민농장, 홍천 남노일리 마을, 남해 섬이정원, 창원 대산플라워랜드
억새(10월-11월)	울산 울주 간월재, 제주 용눈이오름, 정선 민둥산억새군락, 포천 명성산 억새축제, 서울 마포 하늘공원, 보령 오서산, 합천 황매산 억새군락지
핑크뮬리(9-10월)	순천 국가정원, 제주 휴애리 공원 핑크뮬리 축제, 창원 대산플라워랜드, 태안 청산수목원. 포천 허브아일랜드. 안성 안성팜랜드, 부산 대저생태공원
동백꽃(12-4월)	울산 MBC 문화동산, 군산 월명공원, 여수 오동도, 강진 백련사 동백숲, 신안 천사점분재정원, 거제 매미성, 제주 숨도, 제주 동백수목원, 제주 수망리 동백길

꽃길 따라
열두 달 여행

초판1쇄 2025년 1월 2일 **지은이** 박선영 **펴낸이** 한효정 **편집교정** 김정민 **기획** 박화목 **디자인**
purple **마케팅** 안수경 **펴낸곳** 도서출판 푸른향기 **출판등록** 2004년 9월 16일 제 320-2004-54
호 **주소** 서울 영등포구 선유로 43가길 24 104-1002 (07210) **이메일** prunbook@naver.com
전화번호 02-2671-5663 **팩스** 02-2671-5662
홈페이지 prunbook.com | facebook.com/prunbook | instagram.com/prunbook

ISBN 978-89-6782-229-3 03910
ⓒ 박선영, 2025, Printed in Korea

*책값은 뒤표지에 있습니다.